今、「資本論」をともに読む

新日本出版社

目次

第3章 マルクス「未来社会論」の研究
——四つの領域と「過渡期」の戦略　関野秀明 60

第4章 新版『資本論』の刊行と今日の世界　山口富男 92

第Ⅱ部　座談会　新版『資本論』の完結によせて　109

※本文中に「(①五〇ページ)」などとあるのは新版『資本論』(新日本出版社)からの引用を示しています。丸数字は分冊の番号を示します(たとえば上記の例であれば「第一分冊の五〇ページ」)。

第Ⅰ部　マルクスはなぜ面白いのか

第1章 『資本論』の旅とこの社会

石川康宏

1 マルクス「その人の言葉」を聞こう

個人の努力では解決できない困難が

マルクスへの関心が広まっていますね。背景にあるのは、ぼくたちが生きている社会のあり方そのものへの疑問や不安の強まりだろうと思います。「このままでは生きられない」というある種の危機意識ですね。個人のがんばりだけでは乗り越えられない「社会問題」に、ぼくたちはいくつも直面していますから。貧困と格差、気候危機の深刻化、ジェンダー不平等や性暴力、コロナ・パンデミックであらわになった医療・保健体制の手うすさや日本政府の指導力のなさ、どれもこれも自己努力だけで解決できるものではありません。これらの解決には、もっと大きな社会の構造とかしくみの是正が必要なんじゃないか――そういう思いが広まっているのだと思います。そしてその中に、その手の問題を考えるにはマルクスがいいらしい、『資本論』がいいらしいという声も含まれているということでしょう。

若いみなさんには、カール・マルクスという名前や『資本論』という本の名前になじみがないという人も多いでしょう。でも、おじさん・おばさん世代には、マルクスはかなり知られた人でした。今年（二〇二二年）六五歳のぼくが、一八歳で京都の大学に入学した時、学内の生協書籍部に『資本論』は山積みで売られていましたから。マルクスの人気、不人気をめぐる歴史にも、資本主義、とくに新自由主義の肯定派とその是正を求める修正派や否定派の力関係の変化があらわれています。それもまた資本主義とはどういう社会かを考えさせる重要な材料になってくれますから、機会を見つけてぜひ勉強してみてください。

関心は変革の運動論やポスト資本主義論に

リーマン・ショックが起こった二〇〇八年、マルクスに対する注目の焦点は「経済危機のことはマルクスに聞け」と、もっぱら資本主義についての経済理論にあてられました。しかし、いまその範囲は社会変革論やポスト資本主義（コミュニズム）論にまで広がっています。それだけ社会のゆきづまりが深まっているということでしょう。

マルクスの変革論は、ある日突然労働者が蜂起して、社会の混乱に紛れて政治権力を手にしてしまおうといった空想的なものではありません。今でいえば、毎回の選挙にどう取り組むか、日々の市民運動をどう進めるかなどに直結するきわめて現実的で具体的なものでした。それはよく考えてみるべき深みを今も持っています。その点について、ぼくは二〇二一年にこう書きました。

「資本主義を超える社会への関心が高まっています。それに応じて、目前の困難を乗り越える一歩一歩の前進こそが、⑴新しい社会の内実を明らかにし、⑵それを目指す人々の輪を広げ、⑶その社会を担う人間の能力を育むという変革論のリアリティーを、マルクス『本人の言葉』から正しくくみ取ることの必要も増しています」（「しんぶん赤旗」二〇二一年八月二九日付）。

カッコ数字はいま足したものですが、これら三つの課題での着実な前進抜きに、一挙に資本主義を乗り越えることはできません。願望ではなく現実を、空想ではなく科学の目を――ぜひみなさんもマルクスといっしょに資本主義のしくみや変革の展望をさぐる旅をしてみましょう。

2　第一部「資本の生産過程」のあらすじ――資本のもうけはどこからくるのか

以下に、マルクスが生涯をかけて残した『資本論』を紹介してみます。ある部分を取り出して、あるいは突っ込んで紹介する本や論文はたくさんありますので、ここでは分厚い『資本論』三部の全体を、ギュッと圧縮して示してみます。あくまで石川流のまとめですが、長い『資本論』を読む上での一つの見取り図にはなるかと思います。

なぜ資本の生産過程からなのか

まず、第一部「資本の生産過程」は、囲みのように組み立てられています。

第一篇　商品と貨幣
第二篇　貨幣の資本への転化
第三篇　絶対的剰余価値の生産
第四篇　相対的剰余価値の生産
第五篇　絶対的および相対的剰余価値の生産
第六篇　労賃
第七篇　資本の蓄積過程

いかにもややこしそうな言葉がならんでいますが、第一部は資本の運動を生産過程にしぼって検討したものになっています。

なぜ資本主義の運動でなく資本の運動なのか。それは個別の資本、個々の資本によるもうけの追求こそが資本主義経済を動かす根本的な原動力になっているからです。資本主義の全体を究明するには、まず個々の資本の運動を究明せねばならない、だから個別資本を分析するんだということです。では、なぜ資本の運動の流通や消費などではなく生産の部分に焦点をあてるのか。それはこれから説明されていくことですが、生産の部面こそ資本がもうけを生み出す現場になっているからです。

等価交換を侵害しないで資本はもうける

第一篇から順に見ていきます。第一篇は資本ではなく「商品と貨幣」を検討しています。生産を行うために資本は機械や原材料を買い、後には生産物を売らねばなりません。それを買ったり売ったりできるのは、それらがすでに商品だからです。そして多様な商品の頻繁で大量の売り買いには貨幣が不可欠です。そうやって資本の運動は、商品経済や貨幣経済を内にふくみ、その上に初めて成り立ちます。だから、資本を分析するのに不可欠な作業の一つとして、まず商品とは何か、貨幣とは何かが検討されているのです。

商品は価値と使用価値という二つの要因から成っています。「使用価値」というのは人の欲求を何らかの形で満たす性質、「価値」というのはそのモノの生産に必要な抽象的人間労働がそこに堆積《たいせき》しているという性質です。その堆積の量に応じて、商品と商品の交換の割合が決まっています。一〇〇円のボールペンと一〇〇円のアイスクリームの価値が等しいのは、その生産に必要とされる抽象的人間労働の量が等しいからです。貨幣はもっぱらそれら商品の価値をはかる商品で、価値を貨幣で表したものが価格です。商品も貨幣も人がつくったものなのに、資本主義ではどうして人が商品や貨幣にふりまわされるようになるのかといった物神性の問題も取り上げられています。

第二篇では、一〇〇円の商品は一〇〇円で、一〇〇〇円の商品は一〇〇〇円で、つまり誰にも等しく価値どおりにものが販売される商品・貨幣経済の原則（等価交換の原則）の上で、資本はどうやってもうけを手に入れるのか――その問題が分析されます。資本も機械や部品や労働力を価値どおりに購入し、生産した商品たとえばクルマを価値どおりに販売します。それにもかかわらず、資本はもうけをたくわえます。

この謎を解くカギは労働力という商品の特別な性格にありました。一〇〇円で買ってきた部品はクルマの中に組み込まれても一〇〇円のままですが、たとえば月二〇万円で買われた労働力は、たとえば月四〇万円の新しい価値を生み出します。この世でただ一つ、労働力には自分の価値を超えて新しい価値を生み出す性質があるのです。この二つの価値の量の差をマルクスは「剰余価値」と名づけました。それは資本が労働者による労働の成果から、対価の支払いなしに手に入れる価値のことです。こうして資本は、等価交換の原則を侵害することなしに、逆に商品・貨幣経済を世界に広めることで自身のもうけを増やすことができたのでした。

剰余価値を生む方法、労働者の抵抗

つづく、第三・四・五篇は「剰余価値」を大きくするために、資本がとる様々な行動の分析です。人間が生きるために必要なものを生産するには、労働対象（自然あるいはすでに人の手が入った原材料）、労働手段（対象にはたらきかけるための道具や機械）、労働そのものが必要で、マルクスは労働対象と労働手段を一括して生産手段とも呼んでいます。これら三つの要素で成り立つ労働過程が、資本主義では同時に剰余価値の生産過程となっています。マルクスはここで、機械や部品や原材料などに投じられる資本の部分を生産の中でも価値の量を変えない「不変資本」、生産過程で自分より大きな価値を生んで量を変える労働力を「可変資本」と名づけ、その可変資本の可変の度合いを最大限に広げる資本の方法を分析しています。

個々の資本は互いに競争しあっていますが、その核心はより多くの剰余価値を手にいれることの競争です。剰余価値は労働力の価値——現に支払われている賃金の量——と労働力が新たに生み出す価値の差ですから、資本は一方で労働力の価値をできるだけ低く抑え、他方で労働力にできるだけ多くの価値を生み出させようとしてきます。ここは労働者たちが毎日、職場で体験していることがらです。休憩時間のカットをふくむ最大限の長時間労働、サービス残業も強要しての食うや食わずの低賃金、最小限の人員で一人一人に濃密な労働を強制する労働強化、他の資本を出し抜くための先進的な機械の開発と採用、機械の導入による労働者の解雇等々です。これらは、労働者にくらしの悲惨をもたらします。マルクスもたくさんの事実を紹介し、子どもたちの人間らしい発達を奪いとる児童労働や若い女性の過労死などを告発しています。

しかしマルクスの議論は資本による労働者への一方的な搾取や抑圧の究明にとどまるものではありません。労働者はこれらの苦難に耐えるだけでなく、進んで抵抗の取り組みを開始します。一八世紀の終わりには労働組合を結成し、そこに団結した力で、一九世紀にはそれまでこの世にひとつもなかった工場立法（労働者保護立法）を議会につくらせます。現代日本の労働基準法の世界史的な元祖となるものです。剰余価値生産の拡大を追求する資本の運動は、これに抵抗し、資本の運動を社会的な合意の枠内に制御しようとする労働者の知的・組織的能力の発達を不可避とする——そのことをマルクスはイギリスでの労資のたたかいの歴史の中に見いだしたのでした。ここは極めて重要な論点です。

第六篇では「労賃」(賃金)という支払い方法が「剰余価値」の存在を見えづらくする役割を果たしていることの暴露です。賃金は労働力の価値への支払いですが、契約や法にも現れる日常の意識の世界では労働力でなく労働に対する支払いととらえられています。「労働の対価・対償」というやつです。それによって一定の成果を生み出す労働には正当な支払いが行われているという理解が常識となり、遅くまではたらけば残業代が支払われ、多く作れば賃金が増えるという現実も「はたらいた分はもらっている」というこの観念を強化します。それによって、資本家に剰余価値をもたらす不払労働(剰余労働)の存在が見えづらくなっています。実際には労働者は、資本家が支払う賃金分を超える労働の成果を生んでおり、その差額を資本家は何の支払いもなしに手にいれています。それがなければ資本には一円のもうけも生まれません。しかし、そのからくりを明らかにするには科学のメスが必要です。天が動くという常識の背後に地球が動く真実が隠されていたように、「労働の対価・対償」という常識の背後に剰余価値つまり「不払労働」が隠されているのです。本当は地球が動いているのにどうして天が動いているように見えるのか――ここではそれと同じ論理の解明が行われています。

資本主義も移り変わる人間社会の一段階

最後の第七篇では、資本主義的生産の歴史とその中での労働者の運命が探究されます。第六篇までの剰余価値論は、生産を一回限りとするものでした。しかし、実際にはそれは毎日繰り返され、競争に勝ち抜いた資本は剰余価値を資本にどんどん追加して巨大化しています。その巨大化が資本の「蓄積」です。われこそがより多くもうけるのだという資本と資本の競争は、資本主義の経済に景気の一時的な過熱とその結果である過剰生産による経済破綻《はたん》（恐慌）との周期的な循環を生み出します。この循環のなかで、資本は景気の悪い時には労働者の解雇をすすめ、景気のいい時には雇用を増やします。この時に必要な雇用がすぐに満たされるのは、仕事を待つ失業者や半失業者の一群である「産業予備軍」がつねに社会にプールされているからです。これは景気のよい時には労働者の賃上げなどの要求の足を引っ張る重石として資本に利用されます。「おまえの代わりはいくらでもいるのだぞ」というわけです。

資本の蓄積つまり一度確立した資本主義の発展過程がこのようなら、そもそも資本主義を誕生させた歴史上最初の蓄積（資本の本源的蓄積）はどういうものだったのか。その歴史の詳細な検討を行ったマルクスは、さらに資本主義の未来にも目を向けて、資本の運動とたたかう労働者の発達が、資本家と労働者への社会の階級的な分裂を廃止し、金もうけ第一を推進力とする資本主義の限界を超える新しい協同社会を生みだすことを展望します。これまでのあらゆる社会と同様に、資本主義も長い人間社会にとっては通りすぎてゆく歴史の一段階で、新しい協同社会への転換の鍵となるのは経済資源の社会的な共有（生産手段の社会化）と、共有された資源を経済活動の個々の現場で見事に運用していくことのできる労働者自身の能力の発達でした。

さて少しだけまとめです。以上のように『資本論』第一部の全体が示している、⑴資本と資本主義が剰余価値を追求するその運動が、⑵生産手段の社会的所有を可能にする諸条件とともに、資本による無制限な搾取への抵抗と社会の民主的制御に向けた労働者の発達を生み、工場立法をはじめ、未来社会への転換に必要な準備を重ねさせるという両者の関係を、マルクスは資本主義の「肯定的理解」のうちに「必然的没落の理解」を含む合理的な「弁証法」と表現しています（①三三～三四ページ。以下、訳語を一部変更している場合があります）。みなさんも、そこを強く意識しながら読んでみてください。

3　第二部「資本の流通過程」のあらすじ――生産と流通の統一として

『資本論』第二部「資本の流通過程」に進みます。全体の組み立ては次のようになっています。

第一篇　資本の諸変態とそれらの循環
第二篇　資本の回転
第三篇　社会的総資本の再生産と流通

ここで知っておきたいのは、じつはマルクスは『資本論』の全三部を自分の手で完成させることができず、第二部と第三部はマルクスが残した草稿から、エンゲルスが編集して出版したものだということです。エンゲルスはマルクスの終生の友人であり共同研究者でした。部や篇や章のタイトルも、マルクスの草稿をもとに、最終的にはエンゲルスが決めています。そのエンゲルスの大変な苦労によって第二部・第三部は残されましたが、今日マルクスの草稿の全体が明らかになったことにより、エンゲルスのタイトルのつけ方や編集の適切さも、たびたび議論されるようになっています。

G	――	W	……	P	……	W′	――	G′
〔貨幣資本〕		〔商品資本〕		〔生産資本〕		〔商品資本〕		〔貨幣資本〕

さて、内容に入りましょう。第二部は「資本の流通過程」です。資本は生産に必要な原材料や労働力を購入し、それらを結合させて何かを生産し、できあがった生産物を販売します。第一部での研究は、その購入と販売は「うまくいく」ということを一方的に前提していました。そうしないと生産のみに焦点を当てることができなかったからです。しかし、現実の世界を見れば、コロナ・パンデミックによる部品供給網（サプライチェーン）の寸断、半導体の不足で製造業が動かない、ファスト・フード店でフライドポテトがつくれないといったように、「うまくいかない」こともあるわけです。そのような問題を無視して話をすすめた第一部のいわば論理的な借りを返しにいくために資本の運動を生産と流通の統一として、より包括的にとらえるのが第二部の内容となっています。

資本の循環と回転と絡み合い

第一篇では個別資本の運動を上の図のように、「貨幣資本」―「商品資本」…「生産資本」といった具合に自分の姿を変えてすすむ資本の「循環」の中で検討しています。最初にG貨幣の姿で市場に登場した資本が、部品や労働力などのW商品になり――つまりそれらを買って貨幣から商品に姿を変えて――次にP生産の現場に進み、生産の過程をぬけるとクルマなどのW′商品に変わり、最後にうまく販売されるとG′貨幣にもどる。そうやって資本価値が自分の姿を変えてすすむことをマルクスは「資本の変態」とよび、その一巡りを資本の「循環」と呼んでいます。後半のWとGに「'」（ダッシュ）がついているのは、生産によって剰余価値が追加され、最初に投入されたGやWより、その分価値が大きくなっているからです。この最初のG―Wと終わりのW―Gがスムーズに進行しなければ資本は思うように生産することができません。マルクスはこの循環を、右のGで始まりG'で終わる貨幣資本の循環の他に、Pで始まりPで終わる生産資本の循環、W'で始まりW'で終わる商品資本の循環と、様々な角度から執念深く検討しています。

第二篇では、これを一回限りの「循環」ではなく、何度も繰り返される「回転」の姿において分析します。それによって新たに見えてくるのは、先のG―Wの変態に、数年に一度、十数年に一度といった割合で機械や建物など日常の資本の回転には現れない大きな買い物がまじりこんでくるということです。機械の買い換え、工場の改修や新築といったいつもより大きなお金が動く瞬間です。つまりG―WのWの中には、毎回の生産で価値をすべて生産物に移り込ませていく「流動資本」と、何年もかけて少しずつしか価値を生産物に移転させない機械などの「固定資本」の区別があり、必要な時にこの巨大な固定資本をスムーズに購入することができること、つまりこれを買うのに必要なGが「回転」の中で確実に準備されていることが、資本の活動に不可欠な条件となるわけです。マルクスはこれを回転運動からの一時的な資本の遊離として説明していますが、その適否については議論があるところです。

第三篇は、個別資本の運動ではなく一つの社会で互いに無数に絡み合う社会的総資本の運動を分析しています。第一篇では資本の運動にはG―WとW―Gがスムーズにいくことが必要で、第二篇ではそれに加えて、個々の資本が時々、とても大きな買い物をすることも明らかにされました。ある社会のすべての資本のこれらの販売や購買がスムーズに実現するには、まず機械などの固定資本、部品や原材料や労働力などの流動資本がいつも必要なだけ市場で販売――その前に生産――されていなければなりません。同時に社会のすべての資本による生産物――多くの消費手段を含む――の販売が達成されるには、それに必要な購買力がいつも社会の中に存在していなければなりません。

どういう条件が満たされた時に、そうした現実は可能になるのか。この問題をマルクスは、総資本を機械や部品などの生産手段の生産部門と家電や衣服といった消費手段の生産部門に大きく分け、さらにそれぞれを不変資本と可変資本と剰余価値に分けて、それらの量的なバランスを問うことで解明しています。毎回の社会全体の生産量が変わらない単純再生産の成立条件をあっさりと導きだしたマルクスも、生産量が次第に増えていく拡大再生産の分析にはずいぶん苦労の跡を残しています。

安定した拡大再生産の進行からの逸脱こそ

さて、豆知識です。ここまでが『資本論』第二部の内容ですが、エンゲルスによる特に第三篇の編集には、近年いろいろな検討がくわえられています。その一つは、最後の拡大再生産が成立する条件を解明した文章に、余計な文章が入っているのではないかという問題です。

マルクスの草稿は、すでに整理のついたものを文章に仕上げていくいわゆる原稿とは違って、考えながら書く、あるいは考えるために書くという文章になっています。そうするとそこには、考えが整理されるだけでなく、まとまらずに途中でやめてしまったものや、思いつきにしたがって別のテーマにとんでいくといった文章の飛躍や断絶も含まれます。その読みづらい草稿をエンゲルスは苦労して編集したのですが、第二部

第三篇にはマルクスが考えをまとめ切れずに途中でやめてしまった三度の挑戦の文章が、うまく最終的な結論にたどりついた四度目の文章とひとつながりであるかのように採用されているというのです。そこで新版『資本論』には、それら四つの文章を区別する訳注がつけられています。

もう一つは『資本論』全体のあり方にもかかわる、さらに大きな問題です。それは、マルクスは第二部第三篇を本当にいまのように、資本主義社会の全体が円滑に拡大再生産をすすめるための条件を解明することで終わらせようとしていたのだろうかということです。そうではなく、実は、資本主義が資本主義であるかぎりまぬがれることのできない景気循環――そこには過剰生産による周期的な恐慌の発生がふくまれます――の解明、つまり安定的な拡大再生産の進行ルートを周期的に逸脱し、恐慌を繰り返さずにおれない資本主義のリアルな運動の解明こそ、マルクスがここで本当に書こうとしていたことだったのではないかというのです。これについても新版『資本論』では、エンゲルスが採用しなかったマルクス自身の文章による補足が訳注で成されています。これもとても重要なポイントです。

4　第三部「総過程の諸姿容」のあらすじ――社会の表面にあらわれる姿を解明

いよいよ、第三部「資本主義的生産の総過程」です。その組み立ては次のようになっています。

第一篇　剰余価値の利潤への転化、および剰余価値率の利潤率への転化
第二篇　利潤の平均利潤への転化
第三篇　利潤率の傾向的低下の法則
第四篇　商品資本および貨幣資本の商品取引資本および貨幣取引資本への（商人資本への）転化
第五篇　利子と企業者利得とへの利潤の分裂。利子生み資本
第六篇　超過利潤の地代への転化
第七篇　諸収入とその源泉

第三部は、まずそのタイトルが問題になります。「資本主義的生産の総過程」というのはエンゲルスがつけたタイトルなのですが、マルクスは草稿や第一部初版への「序言」に「総過程の諸姿容」と書いています。第一部で生産、第二部で流通、第三部で総過程というエンゲルスの書き方だと、第三部の課題は生産と流通の相互関係の検討のように読めますが、マルクスはそれは第二部第三篇で終わったことであり、第三部の課題は、それらが社会の表面にあらわれる姿、特に資本家の日常意識に浮かぶ具体的な姿の解明なのだとしています。理論的に深く掘り下げて初めてわかった第一部や第二部の世界から、誰の目にも見える日常の世界に浮上して、その日常にとらわれて行われている資本の行動を、先に深掘りした世界から説明してみせるのがここでの課題だということです。

資本家の日常意識がつくる世界

第一・二・三篇では、資本家が自覚的にそれを追求している「利潤」の世界が検討されます。第一部では、もうけの源である「剰余価値」は労働力に投下された「可変資本」から生まれ、機械や原材料などの「不変資本」は生産物に価値を移しはするものの、新たな価値をつくるわけではないことが示されました。第二部の流通過程論もそれを前提にした探究の世界です。しかし、資本家の日常意識には、可変資本と不変資本の区別や剰余価値の生産といった理解はあらわれません。あるのはいくらの元手（前貸総資本）で、いくらのもうけを手にするかという問題です。そうして元手全体との対比でとらえられた剰余価値が「利潤」です。

剰余価値と利潤の違いはその呼び名だけではありません。利潤の最大化こそが資本家の行動の指針になるからです。たとえば、同じく月二〇万円で買った労働力から四〇万円の価値を生み出して、差額の二〇万円を手にいれる場合でも、資本家には月二〇万円の可変資本と剰余価値の比率（剰余価値率あるいは搾取率）ではなく、不変資本をふくむ元手の全体と剰余価値の比率（利潤率）が問題になります。つまり同じ搾取率なら、不変資本への支出つまり設備投資や原材料代が少ない方が利潤率は高くなり、したがって資本はそういう部門に向かって移動するのです。

しかし、あまりたくさんの資本がある部門に集まると、商品の安売り競争が必要になり、結果的にその部門の利潤率は下がってしまいます。こうした個々の資本の競争と移動の結果、社会全体に部門の違いを超えた平均利潤率がつくられます。可変資本と不変資本の比率が部門によって異なるにもかかわらず、どの部門でも平均利潤が得られるようになるのは、可変資本の比率が高い部門で生産物は価値より安く売られ、可変資本の比率が低い部門で生産物は価値より高く売られているからです。こうして現に成立している商品の価格をマルクスは「生産価格」と呼んでいます。個々の資本が生産する商品の価値と生産価格は乖離《かいり》し、生産する剰余価値と取得する利潤も乖離しますが、社会の全体でみていくと、価値の総額と生産価格の総額は一致し、剰余価値の総額と平均利潤の総額は一致します。こうして深掘りによって発見された価値や剰余価値の世界から、資本家が日常意識にもとづいてつくる経済の表面の世界が説明されているのです。

なお、第三篇でマルクスは、全体としての平均利潤率の歴史的な低下の傾向が、資本主義そのものの歴史的な限界にどう結びつくかを、特に恐慌論とのかかわりで探究していますが、明快な回答を出すにはいたっていません。

剰余価値の分配、最終章の中断

第四・五・六篇では、第一部の最初からずっと研究の中心にあった商品や剰余価値を生産する産業資本からの商業資本、銀行資本、地主への剰余価値の分配が分析されています。デパートや家電量販店のような商業資本は商品を生産せず、剰余価値を生産していません。産業資本や商業資本に貨幣を貸し付ける銀行資本も剰余価値を生産していません。しかし、商業資本も銀行資本ももうけのために活動し、実際にもうけを手にしています。それは産業資本からの剰余価値の分配によって成り立っているものです。

産業資本は、自分よりも効率的にそれを行う商業資本に生産物の販売をまかせることで元手を節約し、資本の回転を早くすることで利潤率を高めます。他方で、商業資本は産業資本から生産価格より安く購入した商品を、消費者に生産価格どおりに販売してその差額から平均利潤を得ていきます。それは産業資本が生産した剰余価値の一部を手に入れるということです。銀行資本はこうした両者に貨幣を貸し付け、もとは産業資本が生み出した剰余価値の一部を利子として、自分のものとします。なお地代というのは土地の借り賃のことですが、マルクスが研究対象としたイギリスは地主が土地をなかなか売らない社会で、大きな資本でも借地に工場や建物をつくらねばならない事情があったのでした。こうして各種の資本が地主に支払う地代もまた、その元は産業資本が労働者から取得した剰余価値なのでした。

第七篇は『資本論』全三部のしめくくりです。ここには、資本主義を超えた未来の社会で労働時間（必然の国）に対する自由時間（自由の国）の比率が増し、それが人間各人の能力を大きく発達させ、それがまた労働時間を短縮させるという好循環を生むなどの話や、資本から利潤が、土地から地代が、労働から労賃がそれぞれ別の源泉から生まれるのだという日常意識のニセ学問化でしかない俗流経済学への批判、さらには経済の枠内にとどまらないマルクスの社会理論の基本概念を論じた箇所など重要な文章がふくまれています。しかし、全体としてのまとまりは悪く、文章も最後の第五二章「諸階級」を書き始めたところで中断したままになっています。

さて、第三部についての豆知識です。なぜ第七篇がまとまっていないかにも直接かかわる問題ですが、じつは『資本論』全三部は、第一部から順に書かれたものではありません。実際には第三部の草稿が、全三部の中でもっとも早い時期に書かれたものなのです。そのあたりの事情を整理するために、節をかえて『資本論』の成立にかかわる歴史を少し見ていきます。

5 『資本論』成立の歴史をめぐって

第二部第一草稿での理論的転換

一八一八年に生まれたマルクスは、一八四八年、『共産党宣言』を書いた直後にドイツのブルジョア革命に参加します。しかし革命は敗北に終わり、一八四九年以後マルクスは亡命先のロンドンで終生をすごすことになりました。

一八五〇年に革命で中断していた経済学の研究を大英博物館で再開し、七年の研究の後、一八五七〜五八年にマルクスは初めて経済学の草稿を書き上げます。例の書きながら考え、考えるために書くという調子のもので、多くの飛躍や断絶をともなう文章です。三年後からの一八六一〜六三年には、二つ目の大きな草稿も書きました。

その上で一八六三〜六四年、ついに『資本論』第一部の初稿を書き上げます。これは本として出版するための原稿です。しかし、マルクスはすぐにこれを仕上げようとはしませんでした。『資本論』全体が一つの「芸術的な全体」だから、全体が完成されないうちに一部だけを出すわけにはいかないというのが理由でした。実際、同じ一八六四年、マルクスは第三部前半（第一〜三篇）の草稿に取り組みます。

そこに一つの事件が起こります。一八六四年に国際労働者協会（インタナショナル）が創立され、マルクスにその指導的な役割が求められるようになったのです。様々に考え方の異なる労働者組織の集まりを「労働者の解放」をめざすものとして鍛えたマルクスは、一八七二年までこの重責をはたし、協会は最終的に一八七六年に解散しましたが、この経験は『資本論』の内容にも大きな刺激を与えるものになりました。

多忙の中、マルクスは一八六五年に書いた第二部の第一草稿で、第二部第三篇の豆知識（二一ページ）でふれた恐慌の運動論にかんする新発見にたどりつきます。ここでマルクスは、恐慌を資本主義の末期現象だととらえたそれまでの資本主義観を、恐慌をふくむ景気の循環は資本主義のごく日常の生活行路であって、恐慌を資本主義の歴史的危機に直結させる革命論も含めてそれが誤りだったと大転換しました。革命論の領域では、ここから労働者の知的・組織的発達をともなう、多数者の合意にもとづく資本主義の段階的な変革論が本格的に探究されるようになり、それまで考えられていた『資本論』の構成も大きく変化することになりました。

つづいて、同じ一八六五年に第三部後半（第四～七篇）の草稿が書かれますが、特に第四篇で新しい恐慌の運動論がより具体的に展開され、恐慌を資本主義の危機に結びつけることを模索した第三篇までとは理論の地平が変わってきます。

翌一八六六～六七年、マルクスはついに『資本論』第一部の単独での出版に向けて完成稿を書きますが、一八六四年までに書かれた初稿は大幅に修正され、国際労働者協会での実践にも刺激されて、特に資本の横暴に抵抗し、資本の運動を制御する社会的な力を身につけていく労働者の発達論を大幅に拡充していきました。さらに一八六七年の初版出版の後も一八七二～七五年のフランス語版による大幅な改訂など、マルクスは第一部の充実をつづけます。

しかし、先の第一草稿をふくめて八つの第二部草稿を残しながら、マルクスは第二部、第三部を完成させることのないまま一八八三年に亡くなります。

その後、第二部、第三部の編集はエンゲルスによって行われましたが、エンゲルスは第二部第一草稿を第二部の編集にまったく利用せず、その結果、恐慌の周期的な発生をめぐる運動論の問題が第二部のどこにも入らないことになってしまいました。先に紹介した新版『資本論』第二部第三篇末尾への補足の訳注は、この第二部第一草稿からのものとなっています。

第三部についても、恐慌は資本主義の末期症状でそこから革命が起こるという見通しを前提にした前半の草稿、特に第三篇の「利潤率の傾向的低下」をめぐる議論と、それを大きく転換した後に書かれた第四篇以降の草稿が、エンゲルスによる編集では何の注釈もなく一続きの書き物としてまとめられることになりました。第三部の草稿は一八六四年と六五年の前後半一つずつしかありませんから、それをもとにするしかなかったのですが、エンゲルスが第二部第一草稿でのマルクスの理論的飛躍に気づけなかったこともこうした編集の大きな要因となったでしょう。さらに第三部後半の第五・六篇の草稿は内容がまったく未整理でエンゲルスは編集にとても苦労しました。これが未整理だった最大の理由は、両者が第二部第一草稿をきっかけとした『資本論』全体の構想の変化によって初めて『資本論』に組み入れられることになったからということでした。

こうして第三部は、六五年の理論的転換以前の古い理論を前半部分に残し、またもっとも未整理な篇を後半部分に含む、『資本論』全三部の中でもっとも若く未熟な部となったのでした。このような経過によって、『資本論』全三部はおおよそ第三部、第一部、第二部の順に書かれたものとなっています。

『資本論』の全体でマルクスは何を明らかにしようとしたか

さて、全三部のあらすじを一通りながめたところで、マルクスがたどりつこうとした『資本論』の目的をあらためて確認しておきたいと思います。これについては『資本論』第一部初版の「序言」にマルクス自身がこう書いています。

「私がこの著作で研究しなければならないのは、資本主義的生産様式と、これに照応する生産諸関係および交易諸関係である」（①一一ページ）。ここで「交易」と訳されているのは、経済的な交換や貿易のことではなく、生産をめぐる関係にとどまらない政治や法などより広い範囲の人間関係（交通）を表した言葉です。

「資本主義的生産の自然諸法則から生ずる社会的な敵対の発展程度の高低が、それ自体として問題になるのではない。問題なのは、これらの諸法則そのものであり、鉄の必然性をもって作用し、自己を貫徹するこれらの傾向である」（①一一～一二ページ）。

「たとえある社会が、その社会の運動の自然法則の手がかりをつかんだとしても――そして近代社会の経済的運動法則を暴露することがこの著作の最終目的である――その社会は、自然な発展諸段階を跳び越えることも、それらを法令で取りのぞくことも、できない。しかし、その社会は、生みの苦しみを短くし、やわらげることはできる」（①一四ページ）。

ここでは『資本論』の目的が二段構えで書かれています。近代資本主義の「経済的運動法則を暴露することがこの著作の最終目的である」。ここはわかりやすいところです。その法則に、資本主義の均衡や繰り返しの法則だけではなく、それをつうじた歴史的な発展や変化の法則がふくまれることは、『資本論』のあらすじを読んできたみなさんにはすでに明らかなことでしょう。しかし、マルクスの説明はそこで終わってはいません。では何のために経済的運動法則の暴露をめざすのか、それは労資の「社会的な敵対」――それが労働者の貧困や苦難やたたかいを生み出すわけですが――を解消する新しい社会の「生みの苦しみを短くし、やわらげる」ためだというのです。

これらの説明には資本主義のくびきからの労働者の解放のために具体的に行動するアクティビストであり、またそうだからこそ「資本主義的生産の自然諸法則」を誰よりも正確にとらえる徹底したサイエンティストであろうとしたマルクスの立場や姿勢がよく表れています。『資本論』のあらゆる魅力は、何よりここに端を発しているのではないでしょうか。

6　環境破壊、気候危機をとらえる視角

人間と自然の物質代謝の撹乱

さて、『資本論』の魅力は、すでに紹介した「全体のあらすじ」で尽くせるものではありません。それぞれのあらすじの精緻《せいち》な展開のそこここに、おどろくほど内容豊かな論点が散りばめられています。たとえば

人類の未来を大きく左右する環境破壊の問題について、『資本論』はすでに次のように問題の根源と解決の方向を示していました。

まずマルクスは第一部第三篇で、人間の労働一般を「人間が自然とのその物質代謝を彼自身の行為によって媒介し、規制し、管理する一過程である」（②三一〇ページ）と規定します。「物質代謝」というのは、生命体と外的自然の物質のやりとりを指した言葉ですが、ここでは人間が労働によって外的自然から必要な原料を採取し、それを加工し、その生産物を消費し、消費したものを廃棄するまでの全過程をそう呼んでいます。

しかし、資本主義はその労働過程を剰余価値の追求に従属させている社会です。そこで第四篇で大工業を分析したマルクスはこう書かざるを得ませんでした。資本主義は都市の人口を増加させ「人間と大地（Erde――引用者）とのあいだの物質代謝を、すなわち、人間により食料および衣料の形態で消費された土地成分の土地（Boden――引用者）への回帰を、したがって持続的な土地豊度の永久的自然条件を攪乱する」（③八八一ページ。ただし新版『資本論』ではErdeとBodenはいずれも「土地」と訳されています）。大工業の発展による都市と農村の分離が、それまでの特に廃棄物の活用にもとづく物質代謝のバランスを大きくかき乱しているというのです。

では、その攪乱の原因は何なのか。「資本主義的生産は、すべての富の源泉すなわち大地（Erde――引用者）および労働者を同時に破壊する」（③八八一～八八二ページ）。マルクスはそれを資本による無分別な利潤追求の結果だと指摘します。ここでは資本主義的生産による大地の破壊が、過労死や教育から切り離された児童労働者の無教養など、多くの事例をともなう人間の破壊と同等に重視されています。

合理的・人間的な再建を進める道

ただしマルクスは、それによって人間社会がただちに衰退に向かうと考えたわけではありません。資本主義は「あの物質代謝の単に自然発生的に生じた諸状態を破壊することを通じて、その物質代謝を、社会的生産の規制的法則として、また十分な人間の発達に適合した形態において、体系的に再建することを強制する」（③八八一ページ）。資本主義社会によるこの「強制」の課題に応えて、人間は資本主義の欠陥を乗り越えて新しい社会に進むと考えたのです。

ですから第三部第七篇での未来社会の説明に、マルクスはこう書きました。

「この〔生産の〕領域における自由は、ただ、社会化された人間、協同する生産者たちが、自分たちと自然との物質代謝によって——盲目的な支配力としてのそれによって——支配されるのではなく、この自然との物質代謝を合理的に規制し、自分たちの共同の管理のもとにおくこと、すなわち、最小の力の支出で、みずからの人間的自然にもっともふさわしい、もっとも適合した諸条件のもとでこの物質代謝を行うこと、この点にだけありうる」（⑫一四六〇ページ）。

資本のくびきを免れ、互いに自発的に協同するようになった生産者たちは、経済にかかわる人間関係を誰にも平等な形に再編するだけでなく、自然との物質代謝をもみずからの人間的自然に適合する形に制御していくというのです。

さらに、この文章の直前でマルクスはこう書いていました。「未開の人が、自分の諸欲求を満たすために、自分の生活を維持し再生産するために、自然と格闘しなければならないように、文明人もそうしなければならず、しかも、すべての社会諸形態において、あらゆるすべての生産諸様式のもとで、彼は、そうした格闘をしなければならない。彼の発達とともに、諸欲求が拡大するから、自然的必然性のこの国は拡大する。しかし同時に、この諸欲求を満たす生産諸力も拡大する」（同右）。

こうして経済発展の停止や脱成長ではなく、人間と自然の関係をより人間的なものに転換（生産力の質の転換）する中で生産諸力を「拡大」させることは、マルクスによるコミュニズム論の重要な内容の一つとなっています。それは日本をふくむ世界の貧困の解決にも、人間の多面的で個性的な発達の「根本条件」となる「労働時間の短縮」にとっても不可欠で、また、こうして促進される人間諸個人の発達は、さらに人間的で合理的な物質代謝、つまり自然の一部としての人間の生活を豊かにするような生産力の質の開発と、それにもとづくより効率的な生産を可能にするという社会発展の好循環をつくっていくと考えたのでした。

補足しておけば、物質代謝の体系的な再建を未来社会に期待したマルクスは、そのための努力をも未来に先のばししたわけではありません。マルクスは資本主義内部でのたたかいこそが、資本から労働者を解放する社会を準備すると考えました。同様に、未来社会における物質代謝の合理的で体系的な再建も、資本主義内部での取り組みによって漸進的に準備されるものとなります。

たとえば石炭火力発電の廃止などCO_2排出の実質ゼロを資本に求め、「グリーン・ニューディール」など人間と自然の合理的な物質代謝を具体的な社会論としても探求するにいたったストックホルム会議（一九七二年）以降の人間社会の努力は、多くの資本主義国の参加の下に、つねに目前の課題の達成に向けて重ねられてきたものでした。しかし同時にそれは未来社会におけるより根本的な物質代謝の再建の準備となり、問題の解決に挑む多くの人々の能力を発達させるものとなっています。こうした努力と成果を否定するのでなく、自然と社会の双方の科学の到達にもとづいて一層発展させることこそ現代社会の求めであり、マルクスその人の語った道となっています。

7　若い研究者たちにとっての魅力

他にも『資本論』には、ぼくがこれまで関心をもって書いたものだけでも、資本主義社会のジェンダー視角からの分析や「途上国」での人口爆発と「先進国」の少子化の同時進行にかかわる文章など多くの刺激的な論点をふくんでいます。ぜひページをめくって、豊かな知性の宝に自分で接してみてください。

『資本論』研究会での感想から

最後に『資本論』に本格的に取り組みはじめたばかりの若い研究者たちの感想を紹介しておきます。二年ほど前からオンラインで、毎月一回二時間半くらいのペースで新版『資本論』を一緒に読んできました。参加者は現在三〇歳前後で、二〇一五年の安保法制に反対する取り組みで活躍したいわばSEALDs（シールズ）世代の五人と、ベテランの哲学者とぼくの七人です。今回、事前に感想を寄せてもらいましたが、若いみなさんの一言一言が現代に生きる『資本論』の多面的な魅力を語るものになっていると思います。

社会政策や労働社会学を研究しているAさんは、資本主義の様々な現代的問題を、本質に立ち返って考えるための理論的指針を『資本論』が提供してくれると実感しているそうです。例えば日本型雇用システムの下での「年功賃金」と呼ばれる慣行や、最低賃金の水準の適否を学生たちに語ろうとすると、どうしても「そもそも賃金とは」「その水準はどうやって決まっているか」といった問題を語らずにおれなくなる。そして、そこをさらに掘り下げると「労働力の価値とは」といった問題に立ち返らざるを得なくなる――そのように現代資本主義の根本の問題あるいは問題の本質を『資本論』は教えてくれるし、考えさせてくれるとのことです。

政治学や社会運動論を研究しているBさんは、いわゆる経済学畑の人ではありません。しかし、たとえば第一部第八章「労働日」の最後に描かれた、労働者階級による政治闘争の重要性の箇所は、非常に興味深く読めたそうです。社会の変革が、なにか一度の革命的な出来事によってではなく、継続的で地道な政治闘争の先に起こるものだということを考えさせられた。さらにマルクスがどういう景色を見て、どのような思考にもとづいて『資本論』を書いたのか――そこを理解することで、われわれも現代の景色からどういう理論をつくる必要があるのかを学び考えることができるのではないか、その点を意識してこそ現代社会を『資本論』とともに分析し、変革の道筋を考えることができるのではないかと語ってくれました。

ジェンダー論を研究するCさんは、現代社会における性差別の構造と資本主義経済の運動法則がどのように関わっているのかを考えたいと『資本論』に取り組んだそうです。そして読み進めるにつれ、資本主義が労働者の生活や生存をいかに苛烈に脅かし、その中で性差別がいかに維持され活用されているかという構図が見えてきたといいます。性差別解消のために労働問題に取り組む必要性を強く感じ、またその中で、ケアしたり、ケアされたりすることを労働者が権利として要求すること――そうした課題を労働者の運動に落としこむことが必要だとも語ってくれました。資本の論理にゆだねることのできない人間のニーズや人間自身の尊さに目を向けることの大切さを実感させられているそうです。

社会学や科学論を研究するDさんは、剰余価値論を読みながら、現代日本の労働時間や労働強度の問題と未来社会における労働のあり方の変化を、人間の本質的なニーズとのかかわりで議論したことが印象的だったといいます。人間の生存に必要なニーズを満たしていくことと、現代の地球環境の限界という問題の関係に「すわりの悪さ」を覚えていたが、その問題を考えていく上での示唆を得た気がすると語ってくれました。

最後に、法学、労働法を研究しているEさんは、商品論の中で、マルクスが中世ヨーロッパでは「人格的依存関係」が社会的基礎をなしていると指摘しているのを読んで、資本主義社会の歴史的な位置がより鮮明にとらえられるようになったと語ります。また交換過程論の冒頭部分に、現代の法学で必ず学ぶ近代法の原則――権利能力平等の原則、所有権絶対の原則、私的自治の原則――が登場するが、それを紹介するだけでなく、なぜそれが原則になるのかという理由が示されている点にマルクスの社会分析の凄みを感じたとのことでした。さらに工場立法に見られる労働法の問題だけでなく、消費者保護や生産者責任など現代の法につながる様々な論理が見られるところも面白いとのことです。

いかがでしょう。研究の領域や問題意識のあり方に応じて、それぞれに引きつけられる論点はまったく異なりますが、裏を返せば、そこに『資本論』の尽きせぬ多面的な魅力が示されているといえるのではないでしょうか。

線を引き、書き込み、「わかる」を増やしていく

さて、そろそろ話を閉じることにします。そうはいっても『資本論』はむずかしい、長すぎる。そういう声がすぐに聞こえてきそうです。そのとおりですね。とてもスラスラ読めるしろものではありません。そこでなんとかかじりついていこうとすれば、モチベーションを維持するしかけが必要です。各地で労働者学習協会（学習協）などが実施している定期的な講座に参加する、あるいは仲間うちで読書会をつくっていく。そのようにして自分の意欲とペースを維持してください。

読む時間がとれないという声は、日本の労働条件を考えるとほんとうに切実です。しかし『資本論』を読んでいるのはヒマな人ばかりではありません。忙しく市民運動や政治活動に取り組んでいる人、同じように毎日走り回っている学者や学生たち、むしろそうした人たちこそが時間を惜しんで読んでいます。マルクスは「時間は人間発達の場だ」といいましたが、そうであれば時間はつくるしかないではありませんか。労働時間の短縮に取り組みながら、しかし、今のような条件下でも、なんとか諦めないで時間をつくる。そこは覚悟と工夫の問題です。

読んでもわからない、すぐに忘れてしまうという声もよく聞きます。そのとおり人間は誰でも忘れます。学者だって同じです。だから本を読んでいるその最中に、大事だと思ったところに線を引き、印をつけ、考

えたことや疑問に思ったことを欄外の余白に書き込むのです。書いておけば、一度はきれいに忘れたことでも、読み返した時に思い出すことができますから。

本は開いて見ているだけでは何もわかりません。ペンをもって、どこが大事だろうか、何がいいたいのだろうか、この言葉の意味はどこで説明されているだろうかと、こちらから読みにいかなければならないものです。それでもわからないところだらけかも知れません。そうだろうと思います。ぼくも今でもそうですから。その点については、わからないから諦めるのでなく、わからないことの中に少しでもわかるところを見つけだし、それを少しずつ増やしていく――そういう構えをもつしかありません。

こんなぼくの文章を、最後まで投げずに読み通せたあなたにはすでに十分な力が備わっています。次はぜひ『資本論』そのものに挑戦してください。

第2章　新自由主義の時代に『資本論』を学ぶ意義
――新版『資本論』完結に寄せて

萩原伸次郎

新版『資本論』の発刊が、二〇二一年七月に全一二分冊をもって完結しました。この新版『資本論』は、基本的には、一九八二年から八九年にかけて、多くの研究者の協力を得て刊行された新書版『資本論』（新日本出版社）がもとになっていますが、その訳文、訳語、訳注さらに編集の全般にわたって見直し、改訂されたものです。

その改訂の最も大きな理由は、マルクス、エンゲルスの著作と論文、手稿と抜粋ノート、手紙などの全てを収める新しい『マルクス・エンゲルス全集』（新メガ、国際マルクス・エンゲルス財団編集）の刊行が進んだことにあります。特に二〇一二年には、『資本論』と準備草稿を収録する第Ⅱ部門が一五巻二三冊をもって完結し、抜粋ノートを除けば『資本論』関係の文献、草稿のほぼ全てを読むことが可能になったことも、新版刊行を後押ししたといえるでしょう(1)。

監修にあたった日本共産党社会科学研究所所長の不破哲三氏は、新版『資本論』発刊の意義を次のように述べています。「私たちは、エンゲルスも十分に読み取る機会と条件がなかった『資本論』成立の歴史が、資料の面でもこれだけ明らかになった現在、この仕事をやりとげることは、マルクス、エンゲルスの事業の継承者としての責任であり、義務と考えて、この仕事に当たってまいりました。そして、今回、発刊する新版『資本論』は、エンゲルスが、資料も時間も十分にもたないなかでおこなった編集事業の労苦に思いを寄せ、その成果を全面的に生かしながら、『資本論』の執筆者であるマルクスの経済学的到達点をより正確に反映するものになったことを確信しています[2]」。

そして、もうひとつ、私は、時代が、マルクス『資本論』を新たな観点から学ぶことを求めているということを、新版『資本論』完結に寄せて、指摘しなければならないと考えます。それは、私たちが、マルクスが研究した一九世紀の資本主義と類似した特徴を持つ、新自由主義と呼ばれる政治経済体制の下で生きているからです。新自由主義の時代の特徴とは何でしょうか。それは、経済格差と貧困の拡大、経済危機の頻発、戦争と内乱、気候危機の深刻化など、人類存亡の危機の時代であるといってよいでしょう。この時代は、戦後のケインズ体制が崩壊し、イギリスのマーガレット・サッチャー、アメリカのロナルド・レーガン、そして、日本では中曽根康弘政権以降の反ケインズ主義の経済政策がつくりだしたものなのです[3]。

今日、新自由主義を乗り越える民主主義的政治変革の兆しは、確かにみえてはいるものの、その危機は、逆にファシズムや専制主義を生み出す要因ともなっていることに注意しなければなりません。だから、いま世界的に民主主義の追求が喫緊の課題となっているのですが、同時に、民主主義的変革を通じた社会主義・共産主義の未来に確信を持つことが求められているのです。だとすれば、ここで、科学的社会主義の創設者であった、マルクス、エンゲルスが、精魂込めて書き、出版した『資本論』を二一世紀の新たな観点から読み直し、未来に確信を持つことが求められているといえるのではないでしょうか。本章の副題、「新版『資本論』完結に寄せて」にはそうした思いが込められていることをご理解ください。

1　先進国での社会変革はどのように行われるべきか？
――マルクスは、「近代社会の経済的運動法則とその発展」を論じた

（1）最新のマルクスが読み取れる第一部の叙述

マルクスは、ロシア、東ヨーロッパ、中国など資本主義の発展が遅れた国の変革ではなく、資本主義の発展している国での変革の論理を『資本論』で明らかにしました。マルクスは、『資本論』第一部序言で、次のようにいいます。

「私がこの著作で研究しなければならないのは、資本主義的生産様式と、これに照応する生産諸関係および交易諸関係である。その典型的な場所はこんにちまでのところイギリスである。これこそ、イギリスが私の理論的展開の主要な例証として役立つ理由である。しかしもしドイツの読者が、イギリスの工業労働者や農業労働者の状態について、パリサイ人《びと》のように肩をすくめるか、あるいは、ドイツでは事態はまだそんなに悪くなっていないということで楽天的に安心したりするならば、私は彼にこう呼びかけなければならない、〝おまえのことを言っているのだぞ！〟と。

資本主義的生産の自然諸法則から生ずる社会的な敵対の発展程度の高低が、それ自体として問題になるの

ではない。問題なのは、これらの諸法則そのものであり、鉄の必然性をもって作用し、自己を貫徹するこれらの傾向である。産業のより発展した国は、発展の遅れた国にたいして、ほかならぬその国自身の未来の姿を示している」と（①一一～一二ページ）。

またマルクスは、次のようにもいいます。「ある社会が、その社会の運動の自然法則の手がかりをつかんだとしても――そして近代社会の経済的運動法則を暴露することがこの著作の最終目的である――その社会は、自然的な発展諸段階を跳び越えることも、それらを法令で取りのぞくことも、できない」と（①一四ページ）。つまり、マルクスは、近代ブルジョア社会を跳び越えて、働く人々が主人公の未来社会を創ることはできないといっているのです。

今回完結した新版『資本論』では、マルクス・エンゲルスの『資本論』全三巻の完成に至る具体的プロセスが、読者によりよくわかるように監修者の注が詳しくつけられています。例えば、第一分冊七～八ページの監修者注を読めば、『資本論』は、第一部から第三部まで、順序よく書かれたものではなく、『資本論』第一部こそ、最新のマルクスの考えが表明されているということがわかります。つまり、『資本論』第一部は、マルクスが、全三部を全て草稿として一八六五年末までに書き終えた後に、一八六六年初めから、印刷に付すために準備を進め、従来の草稿に大幅に最新の情勢を付け加え、資本主義の過去・現在・未来を論じたものであり、『資本論』全三部の中で最新のマルクスの資本主義分析と未来社会への変革の道筋を摑《つか》むことができるのです。

（2）イギリス工場法成立の意味
——「自由な時間」論で組み立てられたマルクスの未来社会論の先取り

マルクスは、イギリスの一九世紀における変革過程に注目します。「イギリスでは変革過程が手に取るように明らかである。この過程は、一定の高さに達すれば、大陸にははね返ってくるに違いない。それは大陸では、労働者階級自身の発展程度に応じて、より残忍な形で、あるいはよりヒューマンな形で、行なわれるであろう。したがって、こんにちの支配階級は、より高尚な動機は別として、まさに彼ら自身の利害関係によって、労働者階級の発達をさまたげるいっさいの、法律によって処理できる諸障害を取りのぞくことを命じられている。そのために私は、ことにイギリスの工場立法の歴史、内容、成果にたいして、本巻のなかであのように詳しい叙述のページをさいたのである」（①一三ページ）。

マルクスは、なぜイギリスの工場立法の歴史、内容、成果について詳しく叙述したのでしょうか。それは、イギリス工場法が、イギリスの労働者階級の粘り強いたたかいによって勝ち取られたものであり、「自由な時間」論で組み立てられるマルクスの「未来社会論」構築にとって重要なものだったからにほかなりません。しかもこのイギリスの工場法に関する叙述は、かなりの部分が一八六六年一月から始まった『資本論』第一部の完成稿の作成過程において、書かれたと推定されます。

事実、『マルクス・エンゲルス全集』第一六巻の巻末にある「マルクスとエンゲルスの生活と活動」によりますと、一八六六年一月末から三月まで、「マルクスは『資本論』の仕事でむりをしたため重病にかかる。いくらか回復すると、彼はさっそく床のなかで第1巻の原稿の仕事をつづける。彼は労働日の篇の歴史的部分を書く」(『マルクス・エンゲルス全集』第一六巻、付録三八ページ)。とありますし、同じ年の七月末、「マルクスは、『資本論』の仕事のために、最近発表されたイギリス工業における児童労働と、イギリス・プロレタリアートの住宅事情とについての官庁報告書を研究する」(同前、四〇ページ)とあります。これら第一部の完成稿のためのマルクスの仕事は、『資本論』第一部第三篇「絶対的剰余価値の生産」第八章「労働日」ならびに第四篇「相対的剰余価値の生産」、第一三章「機械と大工業」の工場立法に関わる叙述の充実であったことは明らかでしょう。

『資本論』第一部第三篇第八章第七節「標準労働日獲得のための闘争。イギリスの工場立法が他国におよぼした反作用」において、マルクスは、次のように述べています。「標準労働日の創造は、資本家階級と労働者階級とのあいだの、長期にわたる、多かれ少なかれ隠されている内乱の産物なのである。……それは、まずもって、近代産業の祖国であるイギリスを舞台とする。イギリスの工場労働者たちは、単にイギリスの労働者階級ばかりでなく近代的労働者階級一般の戦士であったのであり、同じくまた彼らの理論家たちも資本の理論に最初に挑戦したのである」(②五二六~五二七ページ)。

そして、マルクスは、南北戦争後のアメリカの労働運動に期待を寄せます。彼は、黒人奴隷の解放なくして、白人労働者の解放もないと論じた後、次のように述べます。「南北戦争の最初の成果は、機関車のような速さの七マイル長靴で、大西洋から太平洋まで、ニューイングランドからカリフォルニアまで広がった八時間運動であった。ボルティモアにおける全国労働者大会(一八六六年八月)は次のように宣言する——『この国の労働を資本主義的奴隷制から解放するための、現在の第一の大きな必要事項は、アメリカ連邦のすべての州において、八時間を標準労働日にする法律を施行することである。われわれは、この輝かしい成果が達成されるまで全力を尽くす決意である』と。同じ時期（一八六六年九月はじめ）に、ジュネーヴにおける『国際労働者大会』〔九月三―八日の国際労働者協会の最初の大会〕は、ロンドンの総評議会の提案にもとづいて、次のように決議した――『われわれは、労働日の制限が、それなしには他のすべての〔改善と〕解放の試みが失敗に終わらざるをえない先決条件であると言明する。……われわれは、労働日の法定の限度として八労働時間を提案する』と」（②五三〇ページ）。

こうしてマルクスは、労働者階級の権力を伸長すべく、労働時間短縮の法制度を獲得せよと呼びかけるのです。「自分たちを悩ます蛇にたいする『防衛』のために、労働者たちは結集し、階級として一つの国法を、資本との自由意思による契約によって自分たちとその同族とを売って死と奴隷状態とにおとしいれることを彼らみずから阻止する強力な社会的バリケードを、奪取しなければならない。『譲ることのできない人権』のはでな目録に代わって、法律によって制限された労働日というつつましい〝大憲章〟が登場する。それは『労働者が販売する時間がいつ終わり、彼自身のものである時間がいつ始まるかをついに明瞭にする』。〝なんと大きく変わったことか！〟」（②五三二ページ）。

マルクスは、労働者が自由にできる時間を重視します。彼は、一八六五年六月二〇日と二七日に国際労働者協会中央評議会の会議で賃金・価格・利潤について講演を行い、ウェストンの「労働組合による賃金引上げ無意味論」を論破しましたが、そこでマルクスは労働者にとっての「自由な時間」の重要性を強調し、次のように言います。「時間は人間の発展の場である。思うままに使える自由な時間をもたない人間、睡眠や食事などをとる純然たる生理的な中断時間は別として、その全生涯が資本のための労働にすいとられている人間は、駄獣にも劣るものである。彼は、他人の富を生産する単なる機械であり、からだはこわされ、心はけだものにされる。しかも近代産業の全歴史が示しているとおり、資本は、もしそれをおさえるものがないなら、たえずしゃにむに全労働者階級をこの極度の退廃状態におとしいれることをやってのけるであろう」（「賃金・価格・利潤」『マルクス・エンゲルス全集』第一六巻、一四五ページ）。

マルクスの未来社会論が、「自由な時間」を基軸に構築されており、長時間労働の規制によって、労働者の自由時間の伸張を図るべきであり、それを社会変革の基軸に据えるべきことがここに示されているといえるでしょう。

（3）未来社会の教育、ジェンダー平等、気候危機を論じるマルクスの先見性

マルクスは、『資本論』第一巻第四篇第一三章「機械と大工業」第九節「工場立法（保健および教育条項）。イギリスにおけるそれの一般化」において、まず、工場法が未来社会の教育の萌芽を創り出し、第二に、資本主義における機械と大工業が、ジェンダー平等に基づく未来社会の基礎をつくり出していることを指摘しています。また、第一〇節「大工業と農業」において、現在の気候危機を予見し、それを乗り越えることは、社会的規制によって可能になると示唆します。

まず、工場立法に関して、マルクスはいいます。「工場立法、すなわち社会が、その生産過程の自然成長的姿態に与えたこの最初の意識的かつ計画的な反作用は、すでに見たように、綿糸や自動精紡機や電信機と同じく、大工業の必然的産物である」（③八四〇～八四一ページ）。つまり、マルクスは、資本主義は、確かに規制されないと労働者に対しておぞましい結果をもたらす疫病神ですが、しかし、それでも資本主義には、

工場立法をもたらすポジティブな側面があると、その肯定的側面を指摘するのです。「工場法の教育条項は、全体として貧弱に見えるとはいえ、初等教育を労働の義務的条件として宣言している」とし、ロバート・オウエンを高く評価し、次のようにいいます。「ロバート・オウエンを詳しく研究すればわかるように、工場制度から未来の教育の萌芽が芽生えたのであり、この未来の教育は、社会的生産を増大させるための一方法としてだけでなく、全面的に発達した人間をつくるための唯一の方法として、一定の年齢以上のすべての児童にたいして、生産的労働を知育および体育と結びつけるであろう」（③八四四～八四五ページ）。

つづいて第二に、資本主義制度における機械と大工業が、ジェンダー平等の経済社会の基礎をつくり出しているという指摘がなされています。それは、まず「大工業が古い家族制度とそれに照応する家族労働との経済的基礎とともに、その古い家族関係そのものを解体する」（③八五四ページ）からです。機械は労働における筋力を不要にし、筋力のない労働者、または身体の発達は未成熟ではありますが、手足の柔軟性の大きい労働者を使用するための手段となります。「だから」、とマルクスはいいます。「女性労働および児童労働は、機械の資本主義的使用の最初の言葉であった！」と（③六九三ページ）。

しかしマルクスは、その忌まわしい機械の資本主義的使用に、ジェンダー平等に基づく社会の経済的基礎を見いだすのです。彼は言います。「資本主義制度の内部における古い家族制度の解体が、どれほど恐ろしくかつ厭《いと》わしいものに見えようとも、大工業は、家事の領域のかなたにある社会的に組織された生産過程において、女性、年少者、および男女の児童に決定的な役割を割り当てることによって、家族と男女両性関係とのより高度な形態のための新しい経済的基礎をつくり出す」（③八五五ページ）。ここでマルクスのいう「家族と男女両性関係とのより高度な形態」とは、未来社会におけるジェンダー平等に基づく高度な形態であることは明らかでしょう。

そして、第三に、マルクスは、資本主義的生産が、人間と土地のあいだの物質代謝を攪乱・破壊する、今日の気候危機を引き起こす事態につながる恐れを鋭く指摘します。「資本主義的生産は、それが大中心地に堆積《たいせき》させる都市人口がますます優勢になるに従って、一方では、社会の歴史的原動力を蓄積するが、他方では、人間と土地とのあいだの物質的代謝を、すなわち、人間により食料および衣料の形態で消費された土地成分の土地への回帰を、したがって持続的な土地豊度の永久的自然条件を攪乱する」。だから、「資本主義的農業のあらゆる進歩は、単に労働者から略奪する技術における進歩であるだけでなく、同時に土地から略奪する技術における進歩でもあり、一定期間にわたって土地の豊度を増大させるためのあらゆる進歩は、同時に、この豊度の持続的源泉を破壊するための進歩である。ある国が、たとえば北アメリカ合衆国のように、その発展の背景としての大工業から出発すればそれだけ、この破壊過程はますます急速に進行する」といいます（③八八〇～八八一ページ）。

マルクスの予見どおり、アメリカ農業における技術進歩とその生産性の増大は、一九世紀から今日まで、確かに目を見張るものがありましたが、しかし同時に、これによって、農地の土壌破壊が起こり、深刻な環境破壊が引き起こされていることは、よく知られた事実です。

まさにマルクスがいうように「人間と土地とあいだの物質的代謝」が攪乱され、破壊されているのです。しかし、マルクスは、そうした事態を社会的規制によって乗り越えることができると述べることも忘れてはいません。なぜなら、「それは同時に、あの物質代謝の単に自然発生的に生じた諸状態を破壊することを通じて、その物質代謝を、社会的生産の規制的法則として、また完全な人間の発展に適合した形態において、体系的に再建することを強制する」といっているからです（③八八一ページ）。

2 『資本論』第一部における社会変革論は、どのように形成されたのか？
――国際労働者協会での活動と経済恐慌のとらえ方の変化

ところで、こうした『資本論』第一部におけるマルクスの労働者階級の団結による社会変革論は、どのようにして彼の確信となったのでしょうか？　それを解くカギは、マルクスの一八六四年の国際労働者協会創設への積極的な関与と一八六五年初めの経済恐慌のとらえ方の変化にあったと私は理解します。

（1）国際労働者協会での活動と『資本論』の変革理論

国際労働者協会は、一八六四年九月二八日、ロンドンのロング・エーカー、セント・マーティンズ・ホールで開かれた公開集会で創立が決議されました。その創立宣言を書いたのは、ほかならぬマルクスでした(4)。

「労働者諸君　一八四八年から一八六四年にいたるあいだに労働者大衆の貧困が減少しなかったことは、顕著な事実である」（『マルクス・エンゲルス全集』第一六巻、三ページ）に始まる国際労働者協会創立宣言は、そう短いものではありませんが、その中で、マルクスは、「一八四八年の諸革命が敗北したのち、大陸では、労働者階級の党組織や党新聞雑誌はすべて暴力の鉄腕によっておしつぶされ、労働者階級の最も先進的な息子たちは絶望して、大西洋のかなたの共和国にのがれ、つかのまの解放の夢は、産業的熱病、精神的虚脱、政治的反動の一時代の到来とともに消えうせてしまった」と悲観的な総括をします（同前、八ページ）。

しかし、「それでも、一八四八年の諸革命以後にすぎさった時期には、明るい半面もなかったわけではない」（同前、八ページ）とし、マルクスは、二つの顕著な事実を指摘します。第一は、一八四七年に成立した、一〇時間労働日法です。マルクスは言います。「イギリスの労働者階級は、三〇年にわたって最も驚嘆すべきねばりづよさでたたかったのち、土地貴族と貨幣貴族のあいだの一時的な分裂を利用して、十時間法案を通過させることに成功した。このことが工場労働者にもたらした巨大な肉体的・精神的・知的な利益は、工場監督官の報告書に半年ごとに記録されて、いまでは各方面の承認するところとなっている。大陸の大多数の政府も、多少修正した形態でイギリスの工場法を受け入れなければならなかったし、イギリス議会そのものが、工場法の施行範囲を年々拡大しなければならなくなっている」と（同前、八ページ）。

第二は、協同組合運動の発展です。「われわれが言うのは、協同組合運動のこと、とくに少数の大胆な『働き手』が外部の援助をうけずに自力で創立した協同組合工場のことである。これらの偉大な社会的実験の価値は、いくら大きく評価しても評価しすぎることはない」（同前、九ページ）。なぜなら、とマルクスは、説明を続けます。「それは、議論ではなくて行為によって、次のことを示した。すなわち、近代科学の要請におうじて大規模にいとなまれる生産は、働き手の階級を雇用する主人の階級がいなくてもやっていけるということ、労働手段は、それが果実を生みだすためには、働く人自身にたいする支配の手段、強奪の手段として独占されるにはおよばないということ、賃労働は、奴隷労働と同じように、また農奴の労働とも同じように、一時的な、下級の形態にすぎず、やがては、自発的な手、いそいそとした精神、喜びにみちた心で勤労にしたがう結合労働に席をゆずって消滅すべき運命にあるということ、これである」（同前、九ページ）。

しかし、マルクスは、支配者階級が自動的にそうした労働者階級の運動にしたがうことはあり得ないと警告します。つまり、「土地の貴族と資本の貴族は、彼らの経済的独占を守り永久化するために、彼らの政治的特権を利用することを常とする。今後も彼らは、労働の解放を促すことはおろか、労働の解放の道にあらゆる障害をよこたえることをやめないであろう」（同前、一〇ページ）。だとすれば、労働者階級はどうすればいいのでしょうか？　マルクスは、言います。「したがって、政治権力を獲得することが、労働者階級の偉大な義務となった」（同前）と。そして、「労働者階級はこのことを理解したようにみえる。なぜなら、イギリス、ドイツ、イタリア、フランスで、同時に運動の復活が起こり、労働者党の政治的再組織のための努力が同時になされているからである」（同前）と。

けれどもこの努力が実を結ぶためには何が必要なのでしょうか？　マルクスは言います。「成功の一つの要素を労働者はもちあわせている――人数である。だが、人数は、団結によって結合され、知識によってみちびかれる場合にだけ、ものをいう。さまざまな国の労働者は、兄弟のきずなで結ばれ、このきずなに励まされて、彼らのあらゆる解放闘争でしっかりと支持しあわなければならないのであって、この兄弟のきずなを無視するときには、彼らのばらばらな努力は共通の挫折という懲《こ》らしめをうけることは、過去の経験が示すところである。一八六四年九月二八日、セント・マーティンズ・ホールの公開集会に集まった諸国の労働者は、この思想にうながされて、ここに国際協会を創立した。……万国のプロレタリア団結せよ！」。国際労働者協会の創立宣言は、こう結ばれているのです（同前、一〇～一一ページ）。

(2) 一八六五年前半におけるマルクスの恐慌把握の変化

マルクスは、その後、一八六五年に入って、国際労働者協会の中央評議会の仕事を精力的にこなしますが、同時に『資本論』の仕事も行います。「マルクスとエンゲルスの生活と活動」によりますと、一八六五年二月から三月半ばまで、「中央評議会での緊張した活動と平行して、マルクスは熱心に、しばしば夜半まで、『資本論』の仕事をする」とあります(同前、付録、三三ページ)。ここでおそらくマルクスは、第二部第一草稿を書き、経済恐慌に関する従来の見解を全面的に改め、恐慌＝革命説を最終的に乗り越えたのではないかと推定されます。今回の新版『資本論』では、その辺の事情について次のような監修者注をつけています。

「＊2 〔エンゲルスが第一草稿を『利用できるものはなかった』としたことは、第二部、第三部の全体にかかわる編集上の問題を残した。マルクスは、一八六五年前半に執筆したこの第一草稿のなかで、恐慌論の根本にかかわる重大な発見を行なっていた。この発見によって、恐慌が資本主義的生産様式のもとでは周期的に起こる循環の一局面であることが明らかになり、恐慌を革命的危機の根拠とした『恐慌＝革命』説や、利潤率の低下法則を資本主義の危機と結びつける論述などが、マルクス自身によってのりこえられることになった。またこの発見を転機に、『資本論』の構成そのものについても、資本、賃労働、土地所有を独立の部門とする初期の構想の変更をはじめ、根本的な再編成が行なわれることになった〕」(⑤一〇ページ)。

一八六五年前半における恐慌論の根本にかかわるマルクスの重大な発見とは、「商人資本の介在によって、販売が現実の需要から独立化し、その架空の流通関係の拡大とその破綻《はたん》によって恐慌は起こる」という論理でした。今回新版『資本論』では、この第一草稿の恐慌にかかわる部分を訳出し、監修者の注を入れて説明しています。詳細は、新版『資本論』⑦八五九ページ以下を参照願いますが、この第二部、第一草稿の恐慌に関わる箇所は、第一から第三の文章として、新版『資本論』⑦の末に、訳出されています。

とりわけ、第一部「資本の生産過程」、第二部「資本の流通過程」、第三部「総過程の諸姿容」、第四部「理論の歴史のために」（『剰余価値学説史』）という、四部構成の現行『資本論』への変更において大きな役割を果たしたと思われる第三の文章の以下の叙述は、経済危機を金融の観点から論じてきた私にとって、もっとも重要に思われます。[5]「資本主義的生産様式は、その過程の規模が必要とする、流通過程を短縮する形態を信用のなかでつくり出すのであり、そして、この生産様式によって同時につくり出される世界市場は、具体的などんな場合にも、この形態の作用を見えなくすることを助け、あわせてこの形態に、拡張という点で特別の活動の場を与えるのである。恐慌を信用の濫用から説明することは、恐慌を資本の現象的な流通形態から説明することを意味する」（⑦八六二ページ）。

したがって、この発見後、一八六五年後半において、マルクスは『資本論』第三部第四篇商人資本論、第五篇信用論、第六篇地代論、第七篇収入とその源泉（国民所得論）まで、一気にその草稿を書き上げるということになります。商人資本を論じる第四篇において、マルクスは、経済恐慌に果たす商業資本の大きな役割を論じ、それについては、すでに、第二部第三篇「社会的総資本の再生産と流通」で論じたような書き方をしているのですが、この時マルクスは、まだ、再生産表式論の叙述は行っておらず、結局、再生産表式論において恐慌を叙述するというプランは、完全には実現されないまま、彼は、世を去ることになるのでした。

恐慌における信用の役割については、第五篇に膨大な草稿を残しましたが、利子生み資本論に対して、信用制度論は、エンゲルスの言葉ですと「メモや論評や抜き書きの形での資料の無秩序な堆積」といった箇所が多く編集に困難をきたし、第三部の編集の時、最も苦労した箇所となりました。今回の新版『資本論』では、その辺の事情が、監修者の注として丁寧に説明されています。

（3）出版計画の変更と資本主義の歴史性を論じた第一部の結論

「マルクスとエンゲルスの生活と活動」によりますと、一八六五年七月三一日、「マルクスは、『資本論』の仕事の状態をエンゲルスに知らせ、3部にわたる彼の労作の理論的部分を完了するには、なお3つの章を書かなければならない、と伝える。そのうえなお経済学の歴史を取り扱う第4部を書かなければならない、と述べる」（『マルクス・エンゲルス全集』第一六巻、付録、三六ページ）とあり、その年の一二月末では、「マルクスは『資本論』の下書きを終わる」とありますから、現在の『資本論』に結実する全三部にわたる著述の草稿をマルクスは、一八六五年末までに書き上げ、一八六六年一月から、いよいよ彼は、『資本論』を印刷に付する準備を始めることになります。この時マルクスは、全四部を全三巻で、一度に出版するつもりでした。

しかし、マルクスの病状を心配するエンゲルスの強い勧めで、「同時に二巻を出すのではなくて、第一巻が出来上がり次第それをまず出す、という計画に代わり、その後おそくとも同年八月には、全体が二巻ではなく三巻――第一部と第二部とが第一巻、第三部が第二巻、そして学説史の第四部が第三巻――という構成にうつり、さらに同年一〇月から一八六七年三月までの間に、第一巻は第一部のみを含むものとされるに至った」と杉原四郎氏が指摘しています（杉原四郎「一八六六年一月―一八六七年九月――『資本論』第一巻初版形成史の一齣」経済学史学会編『『資本論』の成立』岩波書店、一九六七年、三一六ページ）。この変更を裏付けるものとして、一八六六年一〇月一三日のクーゲルマン宛の手紙があります。「マルクスは『資本論』の総プランをクーゲルマンに知らせる。それによると、彼の著作は4部からなるはずである。すなわち、『第1部、資本の生産過程：第2部、資本の流通過程：第3部、総過程の諸態容：第4部、学説史によせて』である」と「マルクスとエンゲルスの生活と活動」に記載されています（『マルクス・エンゲルス全集』第一六巻、付録四一ページ）。

さらに、一八六七年に入ると、その年の一月前半、「マルクスは『資本論』の仕事をつづけ、とくに資本主義的蓄積の一般法則について補足する。このために彼は、エンゲルスから送ってきたイギリスの経済史家T・ロージャーズの著書『イギリスにおける農業と価格の歴史』を読む」とあります（同前、四二ページ）。この補足とは明らかに、第一部第七篇第二三章「資本主義的蓄積の一般的法則」、第二四章「いわゆる本源的蓄積」に関わる叙述と言っていいでしょう。第二三章第五節ａのタイトルは、「一八四六―一八六六年のイギリス」ですし、一八六六年に出版された、ロジャーズによる前掲著書に対する全体的評価をマルクスは次のように言っているからです。「営々と仕上げられたこの労作は、既刊の最初の二巻ではまだ一二五九―一四〇〇年の時期しか含んでいない。第二巻は統計資料を含むだけである。これは、われわれがこの時代について有する最初の信頼すべき『〝物価史〟』である」（④一一七三ページ、注一三八）。

こうしてマルクスは、『資本論』第一巻第一部の結論として、資本主義的生産様式を歴史的にとらえ、その運命を論じたのです。マルクスは言います。資本主義的蓄積の進行とともに「貧困、抑圧、隷属、堕落、搾取の総量は増大するが、しかしまた、絶えず膨張するところの、資本主義的生産過程そのものの機構によって訓練され結合され組織される労働者階級の反抗もまた増大する。資本独占は、それとともにまたそれのもとで開花したこの生産様式の桎梏《しっこく》となる。生産手段の集中と労働の社会化とは、それらの資本主義的な外被とは調和しえなくなる一点に到達する。この外被は粉砕される。資本主義的私的所有の弔鐘が鳴る。収奪者が収奪される」（④一三三二ページ）。

この資本主義的私的所有の廃棄は、人民大衆の個人的所有の復権を意味することを忘れてはなりません。マルクスは、革命を通じて人民大衆の私有財産の保障を主張しているのであって、財産の没収を主張しているのではありません。それを示す一つの証拠が、マルクスによる「相続権についての総評議会の報告」にあります。マルクスはいいます。「相続権の廃止を社会革命の出発点と宣言することは、労働者階級を現在の社会にたいする真の攻撃点から引き離す結果となるだけであろう。それは、今日の商品交換の状態を維持しながら、買い手と売り手の契約にかんする法律を廃止するのと同じくらいばかげたことであろう。／それは、理論的には誤っており、実践的には反動的であろう」と（『マルクス・エンゲルス全集』第一六巻、三六一ページ）。

マルクスは、資本主義社会から次の新しい社会への変革を次のように描いています。「資本主義的生産様式から生まれる資本主義的取得様式は、それゆえ資本主義的な私的所有は、自分の労働にもとづく個人的な私的所有の最初の否定である。しかし、資本主義的生産は、自然過程の必然性をもってそれ自身の否定を生み出す。これは否定の否定である。この否定は、私的所有を再建するわけではないが、しかし、資本主義時代の成果――すなわち、協業と、土地の共同占有ならびに労働そのものによって生産された生産手段の共同占有――を基礎とする個人的所有を再建する」（④一三三二ページ）。

つまり、資本主義的生産様式において、少数の横奪者による人民大衆の収奪が行われ、少数者への膨大な富の蓄積とともに、多くの国民へは貧困の蓄積が行われ、個人的所有が否定されるのです。しかし、社会変革によって、生産手段の社会化を基盤に人民大衆の個人的所有が復権するのです。虐げられてきた人々の個人の財産は保障され、貧困の撲滅が実現するのです。

「ルールある経済社会」の追求は、なぜ重要なのか

マルクスの「未来社会論」が、「自由な時間」を基軸に組み立てられているということについては、すでに述べました。今回、新版『資本論』では、結論部分に当たる第七篇「三位一体的定式」における叙述を、エンゲルスの編集による従来の配列から、マルクスの草稿に基づく配列に並び替えが行われています。これによって、マルクスの「未来社会論」が第四八章の冒頭に置かれ、わかりやすくなりました。「自由の国は、事実、窮迫と外的な目的適合性とによって規定される労働が存在しなくなるところで、はじめて始まる。したがってそれは、当然に、本来の物質的生産の領域の彼岸にある」とマルクスは「自由の国」を定義します（⑫一四五九～一四六〇ページ）。

そして、そこでは、窮迫と外的な目的適合性とによって規定される労働が存在しなくなるところ、つまり、社会化された人間が、みずからの人間性に最もふさわしい、もっとも適合した諸条件のもとで物質代謝を行うのですが、それでもまだこの領域は、「必然性の国」であり、「自由の国」ではないと、マルクスはいいま

す。この「必然性の国」の彼岸に、それ自体が目的であるとされる人間の力の発達が始まり、それが真の「自由の国」の始まりなのだ、というのです。「自由の国」は、その国の基礎としての「必然性の国」の上にのみ開花し、それが実現するには、労働日の短縮が根本条件となるとマルクスはいいます（⑫一四六〇ページ）。

新版『資本論』は、読者に呼びかけます。経済格差の広がり、富の一部の者への偏在と貧困の蓄積、コロナ禍や気候危機、など課題山積の現代社会において、資本主義の限界を超え、人間と自然が共生する経済社会を創ることは可能だ！――ということを。

マルクスは、第三部第七篇第五一章「分配諸関係と生産諸関係」において、資本主義的生産様式の科学的分析は、次のことを証明するといいます。「資本主義的生産様式は、特殊な種類の、独自な歴史的規定性をもつ生産様式であるということ。この生産様式は、他のどの特定の生産様式とも同じように、社会的生産諸力とその発展諸形態との与えられた一段階を、自己の歴史的条件として前提しているのであり、この条件は、それ自体が一つの先行過程の歴史的な結果および産物であり、また新たな生産様式が自己に与えられた基礎としてそこから出発する、ということ」なのです（⑫一五七一ページ）。そしてこの資本主義を乗り越える新たな生産様式は、国民のたたかいによって、勝ち取ることができるのです。

危機をただ待つのではなく、たたかいで未来社会を実現すること、そのカギは、「ルールある経済社会」をつくることを通じて可能なのです。

注

（１）これらの事情については、山口富男著『マルクス「資本論」のすすめ　「新版」で読む』（学習の友社、二〇二一年）に詳しい。

（２）不破哲三「『資本論』編集の歴史から見た新版の意義」志位和夫・萩原伸次郎・山口富男・不破哲三著『新版「資本論」のすすめ――刊行記念講演会でのあいさつと講演』（日本共産党中央委員会出版局、二〇二一年、七九ページ）。

（３）新自由主義については、拙著『新自由主義と金融覇権――現代アメリカ経済政策史』（大月書店、二〇一六年）を参照いただきたい。

（４）創立宣言は、創立の決議後、一〇月二一日から二七日までの間に、マルクスによって執筆され、一八六四年一一月、ロンドン刊行の英文パンフレットにて発表される。

（５）この点より詳細には、拙著『世界経済危機と「資本論」』（新日本出版社、二〇一八年）を参照いただきたい。

第3章　マルクス「未来社会論」の研究
——四つの領域と「過渡期」の戦略

関野秀明

二〇二一年に完結した新版『資本論』刊行をきっかけに、マルクスの「未来社会論」が注目されている。しかし、貧困、格差、疾病、戦争といった資本主義の困難・矛盾が激化する現代に、「未来社会」を論ずる目的は何であろうか。それは、穢《けが》れきった現世を忘れて天国に救いを求めることではないはずである。マルクス自身も「未来の革命の行動綱領の教条的な」「必然的に空想的な先取り」が「現代の闘争をそらすだけ」だと固く諫《いさ》めている[1]。

他方でマルクスは、現実の資本主義の運動こそが、「各個人の完全で自由な発展を基本原理とするより高度な社会形態の唯一の現実的土台となりうる物質的生産諸条件を創造させる」と指摘している（④一〇三〇ページ）。この未来社会の「現実的土台」「物質的生産諸条件」、つまり現代社会において発達し未来社会において発展する「価値ある成果」とは何かを特定することが「未来社会論」の目的であろう。何がどうなれば「未来社会」と呼べるのかの解明である。そしてより具体的には現代社会において、労働者・勤労市民階級がこの「価値ある成果」発達のために追求する現実的目標を特定することである。何がどうなれば「未来社会」に接近（社会が進歩）していると言えるのかの解明である。

本稿は、『資本論』体系に散在する未来社会への「価値ある成果」の解明を次の四つの領域、「生産手段の所有関係」「労働の指揮命令権」「脱商品化」「自由な時間」に整理する。そしてこの四領域における「価値ある成果」が、四つの歴史段階、「市場経済の萌芽の時期（「端緒の時期」④一〇二〇ページ）」、「資本主義」、「未来社会（社会主義・共産主義）」、「未来社会への過渡期」においていかに発展するかを解明する。加えて「未来社会」論とは、新自由主義からの脱却を最も現実的・合法則的に進める戦略を定める理論であることを解明する。

1　「生産手段の所有関係」領域における「未来社会」論

過去において「未来社会」が論じられた主要領域、「未来社会論の第一の領域」は「生産手段の所有関係」領域である。この第一の領域について、『資本論』第一部第七篇第二四章第七節「資本主義的蓄積の歴史的傾向」は次のような「未来社会」への展望を叙述している。

（1）「市場経済の萌芽の時期（「端緒の時期」）」の「小経営」

マルクスは、一五〜一八世紀頃の英国「独立自営農民」をモデルに、「小経営」の生産手段の所有関係を解明する。そこでは、「労働者が自分の生産手段を私的に所有していることが小経営の基礎」である。そしてこの「小経営」は、「生産手段の分散」ゆえに「協業や分業」「社会的生産諸力の自由な発展」を「排除」している（④一三二九〜三〇ページ）。よって「小経営」は「破壊され」、「個人的で分散的な生産手段の社会的に集積された生産手段への転化」、「多数者による小量的所有の少数者による大量的所有への転化」がおこる。これは少数の大経営者による「広範な人民大衆からの土地、生活手段、労働用具の収奪」である（④一三三〇ページ）。

（2）「資本主義」における私的所有の発展。その二つの性格

マルクスは、資本主義における生産手段の「集中」、「少数の資本家による」大量所有が、大規模な「労働過程の協業的形態」、「科学の意識的な技術的応用」、そして次節で注目する「結合された社会的な労働の（自動化工場において結合させられ働く労働者が管理運営する——引用者）生産手段」といった資本主義の肯定的性格を発展させるとする（④一三三一〜一三三二ページ）。

他方でマルクスは、「いっさいの利益を横奪し独占する大資本家」による生産手段の集中「資本独占」が

「貧困、抑圧、隷属、堕落、搾取の総量」と「訓練され結合され組織される労働者階級の反抗」の増大という資本主義の否定的性格を発展させるとする（④一三三二ページ）。

結論として、「生産手段の集中と労働の社会化（結合して働く九九パーセントの労働者が生産手段を管理運営すること――引用者）」は「それらの資本主義的な外被（一パーセントのエリートが生産手段を所有し指揮命令権を独占すること――引用者）とは調和しえなくなる一点に到達」し「この外被は粉砕される。資本主義的私的所有の弔鐘が鳴る。収奪者が収奪される」（④一三三二ページ）。

（3）「未来社会」における「否定の否定」、生産手段の社会化・共同占有

マルクスは、「端緒の時期」の「小経営」における「自分の労働にもとづく個人的な私的所有」が「資本主義的な私的所有」に転換することを「最初の否定」と呼ぶ。続いて資本主義が「自然過程の必然性をもって」つまり、「生産手段の集中と労働の社会化」によって「未来社会」に転換することを「否定の否定」と呼んでいる。この二度目の「否定」は、「小経営」における「私的所有を再建するわけではない」。この「生産手段の集中と労働の社会化」による「未来社会」への転換は、生産手段の「資本独占」を排した、「協業」「土地の共同占有」「生産手段の共同占有」を基礎とする「個人的所有を再建する」（④一三三二ページ）。

（4）「未来社会」への「過渡期」論とは何か

マルクスは、一八六七年に『資本論』第一部第七篇第二四章第七節「資本主義的蓄積の歴史的傾向」を書き上げた。そこでは、「小経営」における「自己労働にもとづく分散的な私的所有」が「資本主義的な私的所有」に転換する「最初の否定」は「長くかかる、苦しい、困難な過程」であるのに対し、「否定の否定」「資本主義的所有の社会的所有への転化」は「事実上すでに社会的生産経営にもとづいている」ため、長期の困難な過程とはしなかった（④一三三三ページ）。「資本主義の肯定的性格」として「結合された社会的な労働の（結合して働く労働者が管理運営する、つまり「社会的生産経営」にある——引用者）生産諸手段」が発達しているため、「未来社会」の「生産手段の社会的所有」は速やかに実現可能と考えられた。

しかし一八七一年五月、人類初の労働者政権の誕生と崩壊、パリ・コミューンのたたかいを経験し、その意義と限界を研究したマルクスは、『フランスにおける内乱』を公表する。そこで、マルクスは、「現在の社会が……目ざしている、あのより高度な形態（未来社会——引用者）をつくりだすために」「労働者階級は長期の闘争を経過し、環境と人間とをつくりかえる一連の歴史的過程を経過しなければならない」（『マルクス・エンゲルス全集』第一七巻、三二〇ページ）との結論に至る。ここには一八六七年『資本論』第一部末尾に欠けていた、より現実的な「未来社会」へ至る過程の探究がうかがえる。

そして一八七五年、マルクスは、『ゴータ綱領批判』の中で、資本主義社会から共産主義社会への「革命的転化の時期」、それに対応した「政治的な過渡期」について初めて定義し、「この過渡期の国家はプロレタリアートの革命的ディクタトゥール（革命的執権——引用者）以外のなにものでもありえない」と論じた(2)（古典選書『ゴータ綱領批判／エルフルト綱領批判』四三ページ）。

さらに重要なことは、その後、マルクスとエンゲルスが「プロレタリアートの革命的執権」が担う「過渡期の国家」は、その始まりから終末まで、議会制民主主義に基づく「民主共和制」であると断言していることである。「なにか確かなことがあるとすれば、……わが党と労働者階級は、民主共和制の形態の下においてのみ、支配権を得ることができる、ということである。この民主共和制は、……フランス革命が示したように、プロレタリアートのディクタトゥール（執権——引用者）の特有の形態でさえある」（「一八九一年の社会民主党綱領草案の批判」、古典選書『ゴータ綱領批判／エルフルト綱領批判』九四ページ）。

以上から明らかなマルクスの「過渡期」論とは、長期の「環境と人間（生産手段の社会化・公共化、結合した労働者の組織管理能力、脱商品脱市場化、自由な時間の増大による人間の発達——引用者）」とをつくり変える歴史的過程であること、民主共和制に基づくこと、「プロレタリアートの執権」に基づくこと、よってその「プロレタリアートの執権」とは、選挙で選ばれた「労働者階級の権力」に他ならず、一党独裁とは無縁であること、である。

（5）「過渡期」における部分的な「生産手段の共同占有」、公共部門化と現代日本

「生産手段の所有関係」領域における「未来社会」の特徴は、「資本独占」を排した「生産手段の集中と労働の社会化」による「生産手段の共同占有」であり、それを基礎に「個人的所有を再建する」ことであった

図3-1　各国政府総支出、総収入、財政収支（対GDP比）**と公務部門職員数**（2019年）

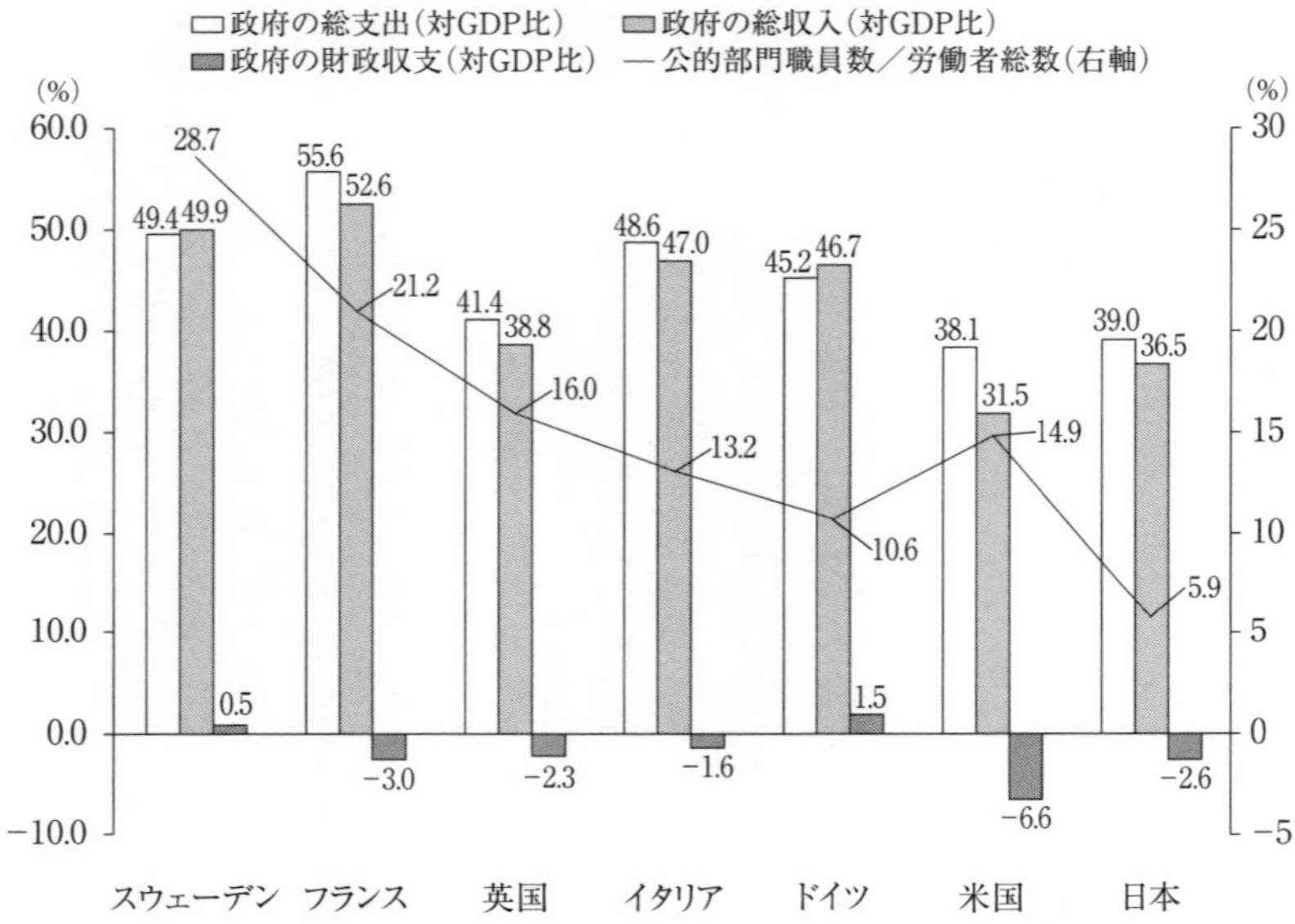

（出所）OECD Government at a glance より筆者作成。

（④一三三二ページ）。よってこの領域における「過渡期」の特徴は、「民主共和制」に基づく「労働者階級の権力」が「環境と人間とをつくりかえる長期の闘争、一連の歴史的過程」の中で部分的な「生産手段の共同占有」、経済の公共部門化を推進すること、公共サービスを拡充し「誰一人見捨てない社会を創る」ことであろう。

この「過渡期」の特徴を鑑《かんが》みて、現代日本における経済の部分的公共部門化の現状はどうなっているか。「未来社会」に向かっての方向性と距離を推測してみよう。現代における「公共部門」は、公務部門・政府部門から非営利協同組合部門、さらに家族経営の農林水産業等まで多岐にわたる。しかしその中にあっても、図３－１は、日本の政府総収入が少ない故に政府総支出も小さく、公務部門職員数が先進国最低水準の「小さな政府」であることを示す。よって労働者・勤労市民階級の党が市民と野党の共闘の一翼を担い政権を獲得し、公的医療、公教育の拡充、公共交通機関の再建、家族・協同組合的農林水産業の育成、地域の公共エネルギー事業の普及等を追求する戦略が必要である。また現在においても、医療の営利化、稼げる大学への変質、公共交通の廃止・縮小、農林水産業切り捨て、電力の大独占支配に反対する労働者・勤労市民階級のたたかいは歴史的・戦略的意義を持っている。

（6）「生産手段の共同占有」における「労働の社会化」の決定的意義

「生産手段の共同占有」について重要なことは、それが形式的な国有化ではなく、「労働の社会化」つまり結合して働く労働者が生産手段を自主管理運営し集団的に指揮命令する能力を獲得することこそが「未来社会」の特徴であるということである。「労働者階級を、来るべき社会において発達した生産力の主体的な担い手として成長発展させる」（不破哲三『資本論はどのようにして形成されたか』新日本出版社、二〇一二年、一九一ページ）ことに決定的意義がある。その解明こそが、マルクス「未来社会論」の第二領域、「労働の指揮命令権」領域の探究である。

2　「労働の指揮命令権」領域における「未来社会」論

「未来社会論の第二の領域」は、労働者階級が生産力、生産諸手段の主体的な担い手として成長すること、結合した労働者が自主管理運営能力、指揮命令権を掌握していくことである。この第二の領域について、『資本論』は次のような歴史的過程を解明している。

(1)「端緒の時期」における「練達した技能と生産手段の自己所有」

マルクスは、『資本論』第一部第七篇第二四章第七節「資本主義的蓄積の歴史的傾向」において、「小経営」が「繁栄し、その全エネルギーを発揮」できるのは、「農民が彼が耕す畑の、手工業者が練達した技能で彼が使いこなす用具の、自由な私的所有者である場合だけ」としている。そしてフランス語版では、「これはちょうど器楽の名手が、その楽器の自由な所有者であるのと同じである」と説明を添えている（④一三二九～一三三〇ページ）。ここでは、生産手段を所有することが「練達した」管理運営能力の源であり、また「練達した」管理運営能力を保有してこそ実質的に（「繁栄し、その全エネルギーを発揮」できるよう）生産手段を所有したことになる旨、解明されている。

（2）「資本主義」における「結合された労働者と資本の機能である指揮」

マルクスは、『資本論』第一部第一三章第四節「工場」における「ユアの自動化工場論」の批判的紹介を通じて「労働の社会化」「結合された労働者」の発達を論じている。

マルクスの紹介によると、ユアは、一方では自動化工場を「一つの中心力（原動力）によって間断なく作動させられる一つの生産的機械体系を、熟練と勤勉とをもって担当する成年・未成年のさまざまな等級の労働者の協業」と定義している（第一の表現）（③七三五ページ）。

しかし、他方では「一つの同じ対象を生産するために絶えず協調して働く無数の機械的器官および自己意識のある器官から構成され……すべての器官が自己制御的な一つの動力に従属している一つの巨大な自動装置」と定義している（第二の表現）（③七三六ページ）。

マルクスの解説によると、ユアの「第一の表現」は「結合された全体労働者または社会的労働体が支配的な主体として現われ、機械的自動装置は客体として現れて」おり、「大規模な機械のありとあらゆる（資本主義に限定されない――引用者）使用に」あてはまる。

またユアの「第二の表現」は「自動装置そのものが主体であって、労働者はただ意識のある諸器官として自動装置の意識のない諸器官に付属させられているだけ」であり、自動装置と共に「中心的動力に従属させられて」おり、大規模な機械設備の「資本主義的使用」「近代的工場制度」を特徴づけている（③七三六ページ）。

要するに、資本主義においては、自動化工場・機械体系が労働者を「結合させ」、動力が労働者を支配しているのであって、「結合した」労働者が自動化工場・機械体系・動力を支配しているのではない。しかし結果として、「第一の表現」を通じてユアは、結合した労働者が自動化工場を自主管理・運営する「未来社会」を無意識に展望していたのである。

マルクスは、資本主義におけるこの「結合された労働」「多数の賃労働者の協業とともに」、「資本の指揮」が「労働過程そのものを遂行するための必要事項」「現実的生産条件」に発展するとしている（③五八四ページ）。この「労働過程」における指揮命令も二面性を持っている。

第一に、指揮命令自体は「社会的労働過程の本性から生じてこの過程に属する一つの特殊な機能である」。しかし第二に、資本家の指揮は「社会的労働過程の搾取の機能」であり、「搾取者とその搾取原料〔労働者〕とのあいだの不可避的な敵対」から生じる（③五八五ページ）。よって資本家の指揮による「労働の連関」は、「観念的には資本家の計画として」「実際的には資本家の権威として」「他人の意志の力として」労働者に「相対する」（③五八五ページ）。

（3）「未来社会」における「結合した労働」＝「オーケストラ」の指揮者

『資本論』第一部第四篇第一一章「協業」および第三部第五篇第二三章「利子と企業者利得」において、マルクスは、「未来社会」における「結合した労働」を「オーケストラ」に、指揮命令、監督はしても支配、搾取はしないリーダーをその「指揮者」にたとえている。

マルクスは、「比較的規模の大きい直接に社会的または共同的な労働」が「一つの指揮を必要と」し、「この指揮は、個別的諸活動の調和をもたらし、生産体総体の運動……から生じる」仕事をして、「オーケストラは指揮者を必要とする」ことを説明する（③五八四ページ）。

そしてマルクスは、「音楽の指揮者は、オーケストラの楽器の所有者である必要はまったくない」「他の楽士たちの『賃銀』になにかかかわり合うということも、指揮者としての彼の機能には属さない」と述べる（⑨六六七ページ）。

以上のマルクスによる「労働の指揮命令権」領域における「未来社会」論のもつ意味は重大である。「生産手段の社会化・共同占有」は「未来社会」の必要条件ではあっても十分条件ではない。過去に「社会主義・共産主義」を自称した国々のように、企業や農場を「国営化」しても、それを担う「結合した労働」・労働者集団が「労働の指揮命令権」を保有し資本家を凌駕《りょうが》する自主管理・運営能力を獲得しなければ、逆に労働者・農民が奴隷的に支配されていたのであれば、それはマルクスの「未来社会」「社会主義・共産主義」とは無縁である。本質は、結合した現場労働者が「労働の指揮命令権」「自主管理・運営能力」を集団的に身につけること、オーケストラの指揮者を自分たちが選ぶ権利をもつことであり、「生産手段の社会化・共同占有」は「自主管理・運営能力」を向上させる条件に過ぎない。

（4）「過渡期」において労働者階級が「未来社会」の主体に成長する必要性

マルクスは、一八七一年に人類初の労働者政権、パリ・コミューンを研究し、「過渡期」における社会変革の主体的条件の成熟、労働者階級が未来社会の主体に成長する必要性を『フランスにおける内乱』第一草稿で明らかにした。

そこでは第一に、資本主義における「労働の奴隷制の経済的諸条件」を「未来社会」における「自由な協同労働の諸条件」と「おきかえ」ることは「時間を要する漸進的な仕事でしかありえない」こと、つまり長期にわたる「過渡期」の存在が強調されている。

第二に、この「おきかえ」は「分配の変更だけでなく、生産の新しい組織」を必要とし、第三に、この「生産の新しい組織」は「現在の組織された労働」「社会的生産諸形態（組織——引用者）」を「奴隷制のかせ」から「救いだす（解放する）」こととした（『マルクス・エンゲルス全集』第一七巻、五一七〜五一八ページ）。

ここで「現在の組織された労働」、生産の組織から排除する「奴隷制のかせ」とは、「指揮命令の二面性」における、資本による搾取と一体の指揮命令権、管理運営能力の独占であり、そこからの「解放」とは「生産の新しい組織」「労働の社会化」「社会的生産経営」における、結合した労働者による指揮命令権、自主管理運営能力の掌握にほかならない。

したがって、「過渡期」に向けた、現代の労働者階級の重要目標のひとつは、「生産の新しい組織」を担いうる集団的な指揮命令能力、管理運営能力を学び蓄積して「未来社会の主体に成長する」ことである。九九パーセントのノン・エリート労働者が知識と労働を結合することで一パーセントのエリート資本家の指揮命令・管理運営能力に打ち勝たなければならない。

図3-2　団体交渉・労働協約適用率推移の国際比較

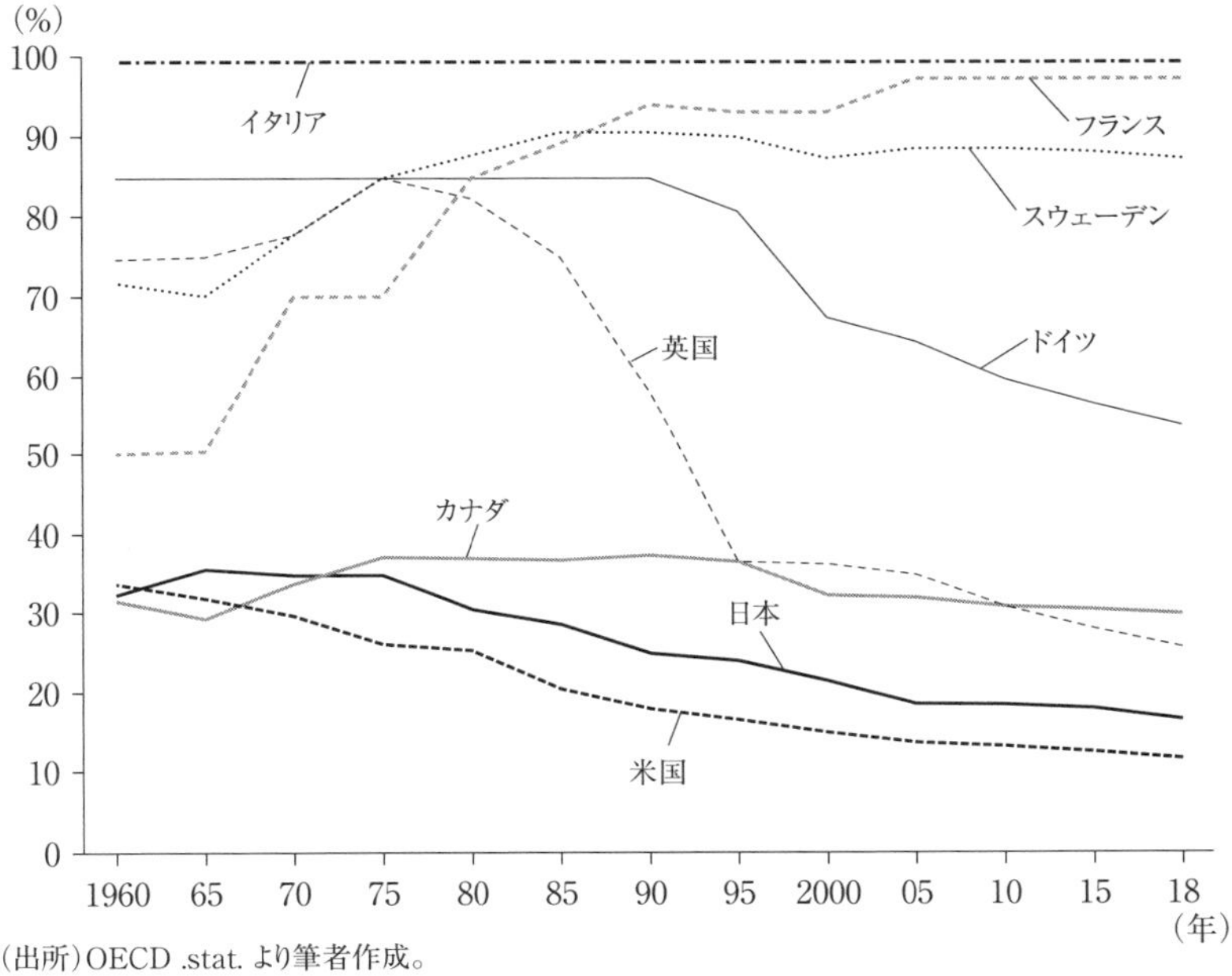

（出所）OECD .stat. より筆者作成。

（5）「労働の指揮命令権」領域における現代日本の到達点

「集団的な指揮命令能力、管理運営能力を学び蓄積する」という目標に鑑みて、現代日本における労働者階級の「指揮命令」にかかわる影響力、管理運営能力はどの程度か。図3-2は、企業の管理運営における重要分野、労務管理政策の決定における「団体交渉・労働協約適用率の推移」を示す。各国の労働者・労働組合が企業の労務管理政策の決定にどの程度、参加、影響を与えているかを表している。欧州福祉国家の労働組合が「労働協約の拡張適用制度」（産業別労働組合が産業別経営者団体と労働協約を締結すれば、当該産業の未組織労働者にも労働協約が適用されるルール）により五〇～一〇〇パーセントの労働者の処遇決定に関与するのに対し、日本の団体交渉・労働協約適用率は二〇パーセント以下に留まる。

日本の労働者が労働現場で指揮命令、管理運営の能力を身につけていくために、労働組合を通じた労務管理政策への影響力行使・労働協約締結は重要である。また有利な協約締結のために労働者は労働現場の指揮命令、管理運営の能力を高め、企業経営全般の分析、判断能力を身につけることが必要である。加えて労働組合の支援を受けた労働者政党が「労働協約の拡張適用制度」を積極的に活用できるよう労働組合法の改正に取り組むことは、労働者が集団的に指揮命令、管理運営の能力を高めるための政治戦略として重要であろう。(3)

3 「脱商品化、脱市場化」領域における「未来社会」論

「未来社会論の第三の領域」は、経済社会の「脱商品化、脱市場化」領域である。マルクスは、『資本論』第一部第七篇第二二章「所有法則の転換」をはじめ各所で商品・市場経済の発生と資本主義的発展そして脱商品化・脱市場化について次のような展望を示している。

(1)「端緒の時期」における「商品生産の所有法則」「自己労働に基づく所有」

商品・市場経済の「端緒の時期」において、商品の生産と流通は自由な独立自営農民(小経営)により担

われた。その特徴は、自分の労働の成果が自分のものになること、および他人の労働の成果を取得するために自分の労働の成果と等価交換することであった。

「最初……所有権は、自分の労働にもとづくものとして現われた。……他人の商品を取得するための手段は自分の商品を譲渡することだけ……である」(④一〇一五ページ)。

「商品生産の所有法則、自己労働に基づく所有」は、取得、所有の「自己の努力、自己責任」原則である。よって数世紀前の「端緒の時期」には自己責任論も一定の根拠を持った。

(2)「資本主義」における「資本主義的取得法則」「他人労働に基づく取得」

しかし、「商品生産および商品流通にもとづく取得の法則または私的所有の法則(自己労働に基づく所有法則——引用者)」は、「それ独自の、内的な、不可避的な弁証法によって」つまり労働力商品という特殊な一商品が加わり、商品世界・市場経済が量的に拡大することで「その直接の対立物(他人労働に基づく取得——引用者)に転換する」(④一〇一四ページ)。つまり商品・市場世界の質的変化、「量から質への転化」という弁証法的発展がおこるのである。

図3-3-a(次ページ)は、「労働力商品」が「小経営の商品・市場世界」に包摂されることで、「資本主義の商品・市場世界」に転化することを示している。

この「自己労働にもとづく所有」(所有と労働の一致)から「他人の不払労働の取得」(所有と労働の分離)という「直接の対立物」への転換は、「どんなに矛盾するように見えるにしても、それは決してこれらの法

図3-3　脱商品化脱市場化の概念図

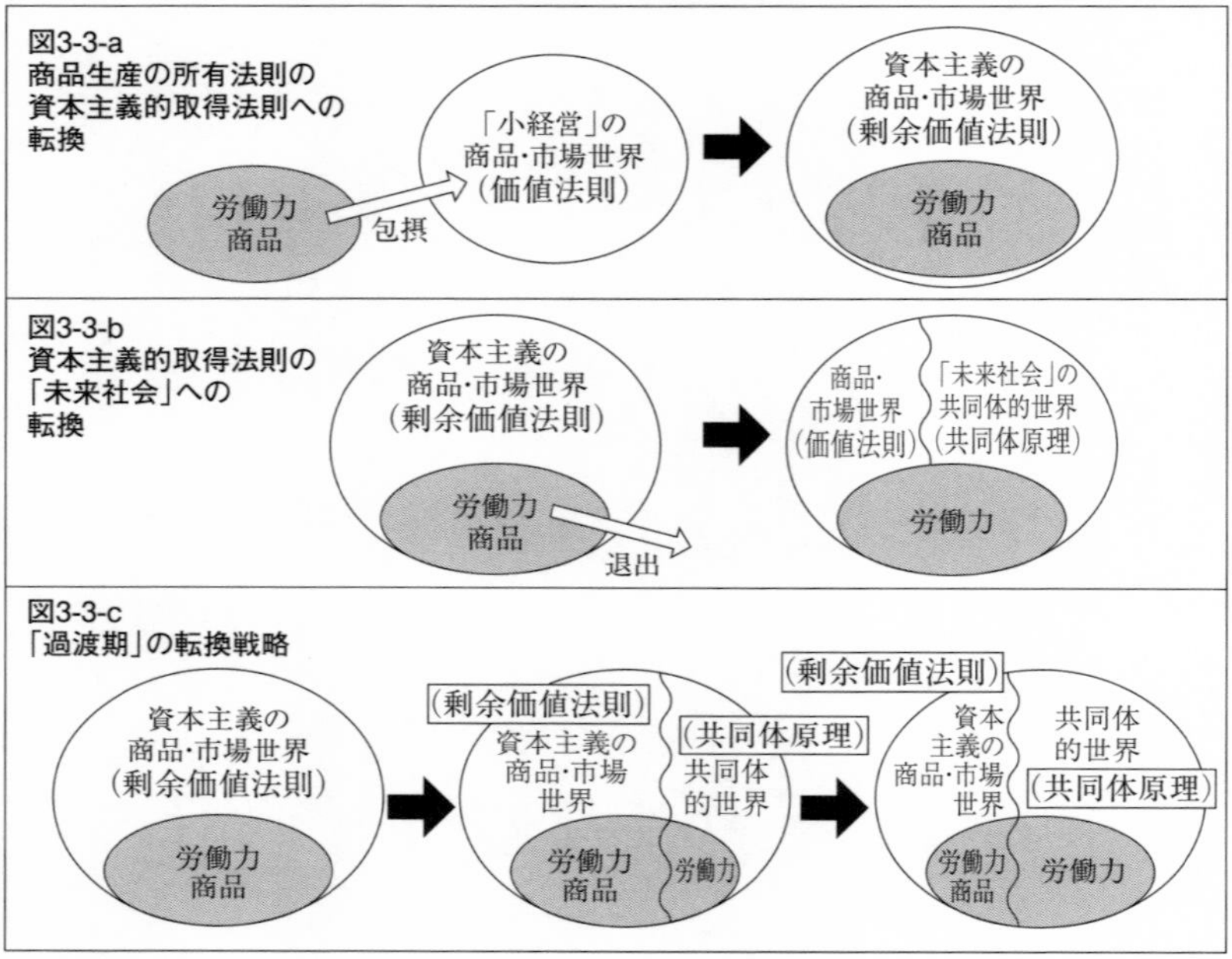

（出所）筆者作成。

則の侵害から生じるのでなく、むしろ反対にその適用から生じる」（④一〇一六ページ）。なぜなら労働力商品は、流通過程において「それ自身の価値」どおり、「労働力の所有者の維持に必要な生活諸手段の価値」どおり、商品交換の法則・価値法則にのっとり売買される（②二九八ページ）。その上で、生産過程において労働力商品は消費つまり労働することで「それ自身の価値（＝賃金）」を上回る「剰余価値」を増殖する。したがって、この「他人労働に基づく取得」「剰余価値法則」は「労働力商品」の価値どおりの売買、等価交換の価値法則の「侵害」でなく「適用」なのである。

この「資本主義的取得法則（他人労働に基づく取得）」の成立により、「商品生産の所有法則（自己労働に基づく所有）」は、「資本家と労働者とのあいだの交換関係」

を「流通過程に属する外観にしかすぎないもの」として、「内容そのもの（搾取・他人労働に基づく取得――引用者）とは無縁な、内容を神秘化する（等価交換を装う――引用者）だけの単なる形式になる」（④一〇一四ページ）。このマルクスの指摘は、今日の貧困の「内容そのもの」、資本の搾取が対等の市場取引の結果として「神秘化」される「自己責任論」の誤謬《ごびゅう》を解明してくれる。

（3）「未来社会」の「労働力商品の脱商品化」による「世界の脱商品化・脱市場化」傾向

マルクスは、「端緒の時期」の「自分の労働にもとづく個人的な私的所有」が「資本主義的な私的所有」に転換することを「最初の否定」と規定し、「資本主義的な私的所有」が「未来社会」の「生産手段の集中と労働の社会化」による「生産手段の共同占有」に転換することを「否定の否定」と規定していた（④一三三二ページ）。そしてこの「否定の否定」は、「（端緒の時期の――引用者）私的所有を再建するわけではないが」、「資本主義時代の成果」「すなわち……生産手段の共同占有」を基礎とする「個人的所有を再建する」とした（④一三三二ページ）。

この「未来社会」において「再建」される「個人的所有」は、資本主義の延長、労働力商品の対価・賃金の引き上げではなく、共同体原理による生存権の裁量的な充足である。マルクスは、「労働力を市場で商品として見いだすための……本質的条件」が「労働力の所有者が、自分の労働の対象化された商品を売ることができない」ので、「自分の労働力そのものを商品として売りに出さなければならない、ということ」だとしている（②二九四ページ）。

よって「未来社会」において労働者階級が「結合した労働」として自主管理・運営、「生産手段の共同占有」を主体的に担っているということは、「自分（たち）の労働の対象化された商品を売ること（正確には富を管理すること）」ができるので、労働力を商品化して生存費賃金を受け取るしか生きる方法がない状態ではなくなっているのである。[4]

マルクスは、「商品生産は、賃労働がその土台となるとき」「全社会に自分を押しつける」つまり商品交換・価値法則を全社会に拡大するとし、「そのときはじめて、商品生産は隠されたすべての力能を現わす」つまり商品・貨幣万能の社会が現れるという（④一〇二一ページ）。

そうであれば、「賃労働（労働力の商品化）がその土台」でなくなれば、「商品生産は……全社会に自分を押しつける」ことをやめ、「隠されたすべての力能」は消えていくのである。

類推するに、資本主義的取得法則（他人労働に基づく取得法則）は、「それ独自の内的で不可避的な弁証法によって」、労働力商品という特殊な一商品が退出し、商品世界・市場経済が量的に縮小することで、「その直接の対立物」（結合した労働に基づく個人的所有の再建）に転換する、つまり世界の脱商品化・脱市場化の質的変化、「量から質への転化」という弁証法的発展がおこる。ここでマルクスが構想した「世界の脱商品化・脱市場化」戦略は、「生産手段共同占有」→「所有と労働の一致」→「労働力の脱商品化」→「世界の脱商品化」傾向と定式化できる。生産手段の共同占有化・公共部門化が進み、労働力の脱商品化が進めば、資本主義的私的所有、他人労働の取得、利潤第一主義の経済は縮小し、市民の生存権を裁量的に充足する共同体原理・共同体的世界の拡大、商品世界の縮小に至る。

図3-3-b（七六ページ）は、「資本主義の商品・市場世界」から「労働力商品」が退出し、「未来社

会」の労働は生産手段共同占有を担う自主管理的労働に変わり、人間らしい生存権を保障する共同体原理が拡大、商品・市場世界は生存権保障と共存できる範囲に縮小することを示す[5]。

（4）「過渡期」における「世界の脱商品化・脱市場化」による「労働力商品の脱商品化」

「脱商品化、脱市場化」領域におけるマルクスの「未来社会」戦略は、「生産手段共同占有」→「所有と労働の一致」→「労働力の脱商品化」→「世界の脱商品化」傾向であった。しかし、この領域における「過渡期」の戦略は、「民主共和制」に基づく「労働者階級の権力」が「環境と人間とをつくりかえる長期の闘争、一連の歴史的過程」を通じて実行される。一挙に大多数の産業部門で「生産手段の共同占有」に移行して「労働力の脱商品化」、さらに「世界の脱商品化」傾向に至るという戦略は「過渡期」では採用できない。

むしろ「脱商品化・脱市場化」領域における「過渡期」の戦略は、漸進的な「公共部門の拡大」→「共同体的世界の量的拡大」→「商品世界の量的縮小」→「労働者家計の企業・賃金依存低下」→「労働力の漸進的な脱商品化」である。「労働力を含んだ商品世界」が公共部門化により縮小していくことは、労働者が自らの労働力を商品化した賃金で生計をたてる必要を縮小していくことである。

図3－3－c（七六ページ）は、「資本主義の商品・市場世界」の中で、漸進的に公共部門・「共同体的世界」が拡大し、労働の世界（網掛けの楕円）も「賃労働（労働力を商品化する部分）」が漸進的に縮小、共同体的世界を支える自主管理的労働が拡大、労働者家計も企業賃金への依存が縮小、社会保障給付等共同体的世界の生存権保障に依存する部分が拡大することを示す。また「過渡期」における賃金・労働者所得の上昇は、

残存する「商品・市場世界」を労働者の生存権と共存できる範囲、企業に過度に依存しない範囲に押しとどめる効果を持つ。

現代の新自由主義・市場原理主義社会は、公共部門の「民営化」「市場化」「再商品化」社会である。新自由主義は「医療」「教育」「子育て」「住宅」等を「商品」とする全てお金次第の自己責任社会である。したがって労働者の収入は賃金だけであり「生活の極端な企業依存」「強力な労働力商品化誘因（食べるために何でもする労働者化願望）」に支配される。

「過渡期」の労働者階級の権力、新しい福祉国家は、「医療」「教育」「子育て」「住宅」等を「人権・生存権」とし、共同体的な助け合い社会の領域を拡大する。したがって労働者は賃金所得だけでなく社会保障給付・公共サービスも利用し「生活の極端な企業依存脱却」「労働力商品化誘因の軽減」に移行する。漸進的な国民合意に基づき「公共部門の拡大」が量的に拡大していけば、マルクスの「未来社会」戦略、多数部門の「生産手段共同占有」→「所有と労働の一致」→「労働力の脱商品化」→「世界の脱商品化」傾向に移行できる。

（5）「脱商品化、脱市場化」領域における現代日本の到達点

「過渡期」の労働者階級の権力、新しい福祉国家に至る前にあっても、「未来社会」戦略、「過渡期」の戦略を見据えた、「脱商品化、脱市場化」は重要である。表は日米欧の農業関係予算の比較である。米国は、農業付加価値生産額の七〇～八〇パーセントもの農業予算を投入し、その八割が農産物価格・農家所得保障

表　各国農業予算の比較

（単位：米国；億ドル EU；億ユーロ 日本；兆円）

国・年次	米国2015	米国2019	EU2015	EU2019	日本2015	日本2019
農業関係予算①	1475.4	1394.3	518.5	579.8	1.68	1.61
うち価格・所得保障②	1143.3	1139.0	409.9	438.0	0.78	0.69
農業付加価値生産額③	1948.0	1929.0	2088.7	2326.8	5.6466	6.6873
②／①（%）	77.5	81.7	79.1	75.5	46.4	43.1
①／③（%）	75.7	72.3	24.8	24.9	29.8	24.1

（注）米国の価格・所得保障は商品金融公社（CCC）予算＋国内食料支援予算、EUは直接保障＋市場介入予算。日本の農業関係予算は非土木事業費分。
（出所）USDA Budget Summary, European Commission Agriculture & Rural development, Euro.stat, Oecd.stat,農林水産省資料、より筆者作成。

図3-4　日米欧の失業率、相対的貧困率、公的家族支援、住宅支援の比較

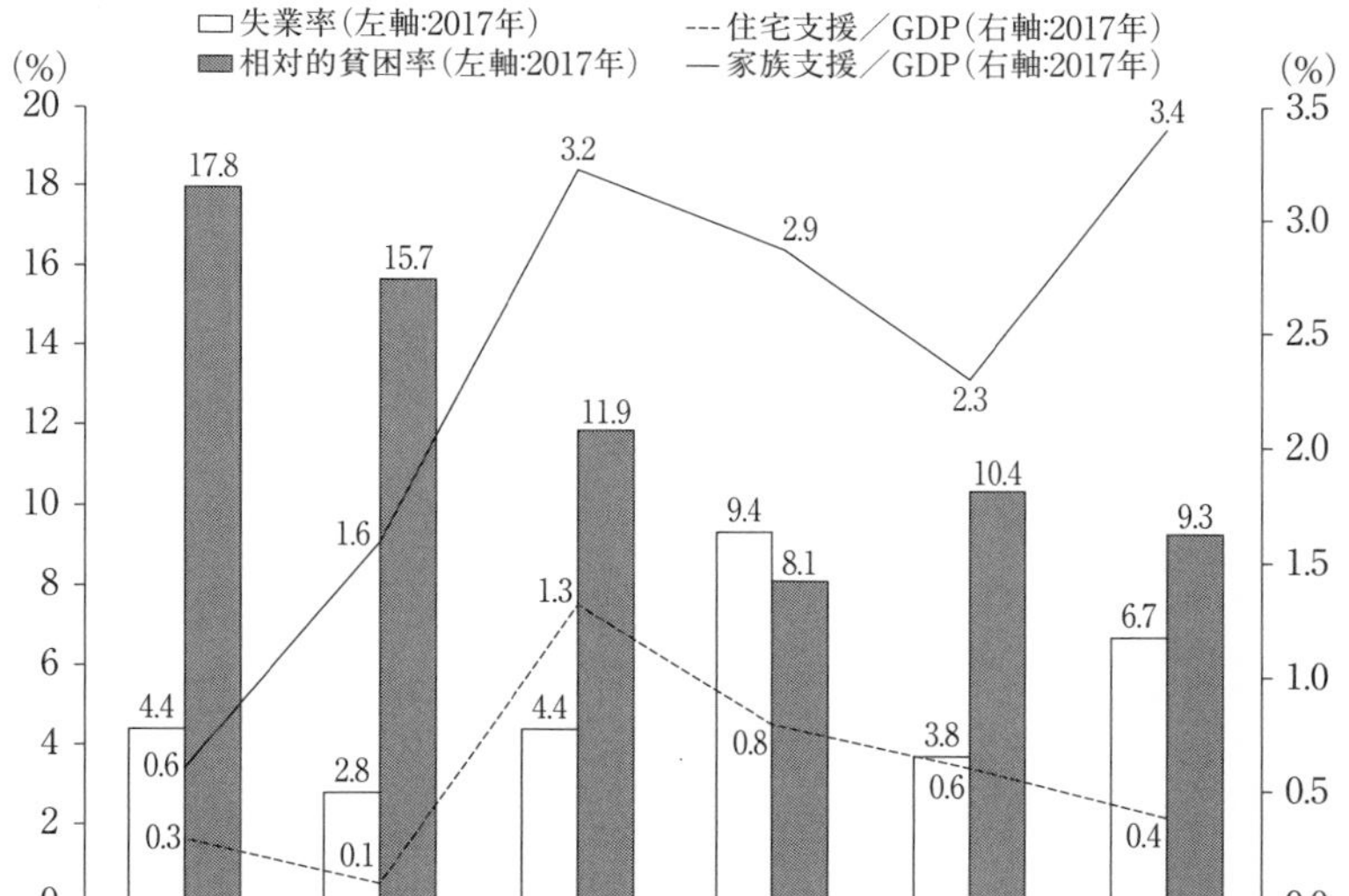

（出所）労働政策研究研修機構「データブック国際労働比較 2021」OECD Social Expenditure Aggregated data より筆者作成。

予算である。ＥＵは農業付加価値生産額の二五パーセント程度の農業予算の投入だが、その約八割が農産物価格・農家所得保障予算である。つまり農業、食料生産部門の公共性が高く認められ、生産者が健全に経営する権利、消費者が必要充分に消費する権利が追求されており、市場任せの自己責任は食料・農業分野では制限される。世界的な食料危機の現代に、日本社会は先進国最低の農業支援策から転換すべきである。

また図３－４は、日米欧の失業率、相対的貧困率、公的家族支援、住宅支援の比較である。全般的傾向は、日本、米国が「低失業で高貧困」、欧州福祉国家が「高失業で低貧困」であること、そして日本、米国が公的「子育て・家族支援」「住宅支援」支出が少ないため、子どもと家のために、ワーキング・プアの就労を避けられず失業できないこと、欧州福祉国家は公的「子育て・家族支援」「住宅支援」支出が相対的に充実しているため、ワーキング・プアの就労を避けられる、失業しても人間らしい仕事を探せることを示す。人間性を使い潰すような「強力な労働力商品化誘因」を解消する社会保障の充実は現実の課題である。

４　「自由な時間」領域における「未来社会」論

「未来社会論の第四の領域」は、「自由な時間」領域である。マルクスは、『資本論』第三部第七篇第四八章「三位一体的定式」をはじめ、各所で「時間の経済」、全ての人間が「自由な時間」を獲得し、自らの能力を発達させる人類史的展望を示している。

（1）「自由の国」と「必然性の国」。その定義

第一にマルクスは、「すべての社会諸形態において」「すべての生産諸様式のもとで」、人は「自分の諸欲求を満たすために、自分の生活を維持し再生産するために、自然と格闘しなければならない」とする。このような物質的労働、社会が必要とする生産活動に携わる時間が「自然的必然性のこの国」と定義される（⑫一四六〇ページ）。「諸欲求が拡大する」と「必然性の国」は拡大し、「生産諸力」が拡大すると「必然性の国」は縮小するとしている。

第二にマルクスは、「窮迫と外的な目的適合性とによって規定される労働が存在しなくなるところで」、「自由の国」は「はじめて始まる」としている（⑫一四五九ページ）。つまり労働時間以外の、何に使ってもよい、自分の自由にできる時間が「自由の国」である。したがって「自由の国」は「本来の物質的生産の領域の彼岸にある」（⑫一四六〇ページ）。

（2）「資本主義」における大きな「必然性の国」、小さな「自由の国」

マルクスは、『資本論』第一部第五篇第一五章「労働力の価格と剰余価値との大きさの変動」において、「労働が社会の……すべての成員のあいだに均等に配分され」、「ある社会層が労働の自然的必要性を……他の社会層に転嫁することができなくなれば」、「社会的労働日（労働時間――引用者）のうちで物質的生産の

ために必要な部分」が小さく、「諸個人の自由な精神的および社会的な活動のために獲得される時間部分」が大きくなるとしている。

しかし、現実の「資本主義社会においては」、全く逆に「一階級の自由な時間は、大衆のすべての生活時間を労働時間に転化することによって生み出される」（③九二〇〜九二一ページ）とする。よって資本主義における「時間の経済」は、「高い生産力、大きい『必然性の国』（多い剰余労働、少ない必要労働）、小さな『自由の国』」と定式化できる。

（3）「未来社会」における小さな「必然性の国」、大きな「自由の国」

マルクスは、「未来社会」における労働が「社会化された人間、結合した生産者たち」と「自然との物質代謝を合理的に規制」し、「自分たちの共同の管理のもとに」置き、「最小の力の支出で、……人間性にもっともふさわしい、もっとも適合した諸条件のもとでこの物質代謝を行なう」としている。人間は自然に対しても他の人間に対しても支配・搾取をやめるということである。しかし、その上で、「これはまだ依然として必然性の国である」として、労働の時間は社会に従属した義務的性格を帯び続けるとしている（⑫一四六〇ページ）。

そして最後にマルクスは、「この国（必然性の国――引用者）の彼岸において」「必然性の国の上」で、「それ自体が目的であるとされる人間の力の発達が」「真の自由の国が」始まるとする。そして「真の自由の国」は「労働日（労働時間――引用者）の短縮が根本条件である」と結んでいる（⑫一四六〇ページ）。ここでマルクスは、「未来社会」の目的が全ての人間の能力を発達させる自由な時間を獲得するということ、労働時間短縮が人間の能力を発達させ、人間の能力の発達が労働時間短縮を進めるという相互作用にあることを示している。よって「未来社会」における「時間の経済」は、「人間と自然が調和できる生産力、小さい『必然性の国』（最小限度の剰余労働、少ない必要労働）、大きな『自由の国』」と定式化できる。(6)

（4）「過渡期」における「必然性の国」縮小、「自由の国」拡大の戦略と日本の現実

「自由な時間」領域におけるマルクスの「未来社会」論は、「人間と自然が調和できる生産力、小さい『必然性の国』、大きな『自由の国』」であった。

よってこの領域における「過渡期」の目標は、「人間と自然が調和できるよう剰余労働さらに労働時間全体を短縮し自由時間を拡大すること」である。その戦略は次の二つである。

第一に、「社会保障の充実」「公共部門の拡大」→「貧困に追い詰められた低賃金労働（窮迫労働）」の根絶→「労働意欲を引き出す高賃金・人間らしい労働」への移行→剰余労働時間短縮＋生計費を満たす必要労働時間も短縮、という戦略である。図3－4で見たように、日本の脆弱《ぜいじゃく》な社会保障が働いても貧困な窮迫労働の原因である。「医療」「教育」「子育て」「住宅」等を「人権・生存権」として保障することは、家族の医療介護費のため、子どもの学費のため、住宅ローンのための死ぬほどの長時間過密労働を解消するきっかけとなる。「福祉は人を甘やかす」「働く意欲を失わせる」という批判は誤りである。高い労働意欲は高い賃金、人間らしい労働条件で引き出すべきなのだ。社会保障充実により窮迫労働を一掃し、高い意欲のための

図3-5 1日（24時間＝1440分）の時間の使い方（分）の男女別国際比較

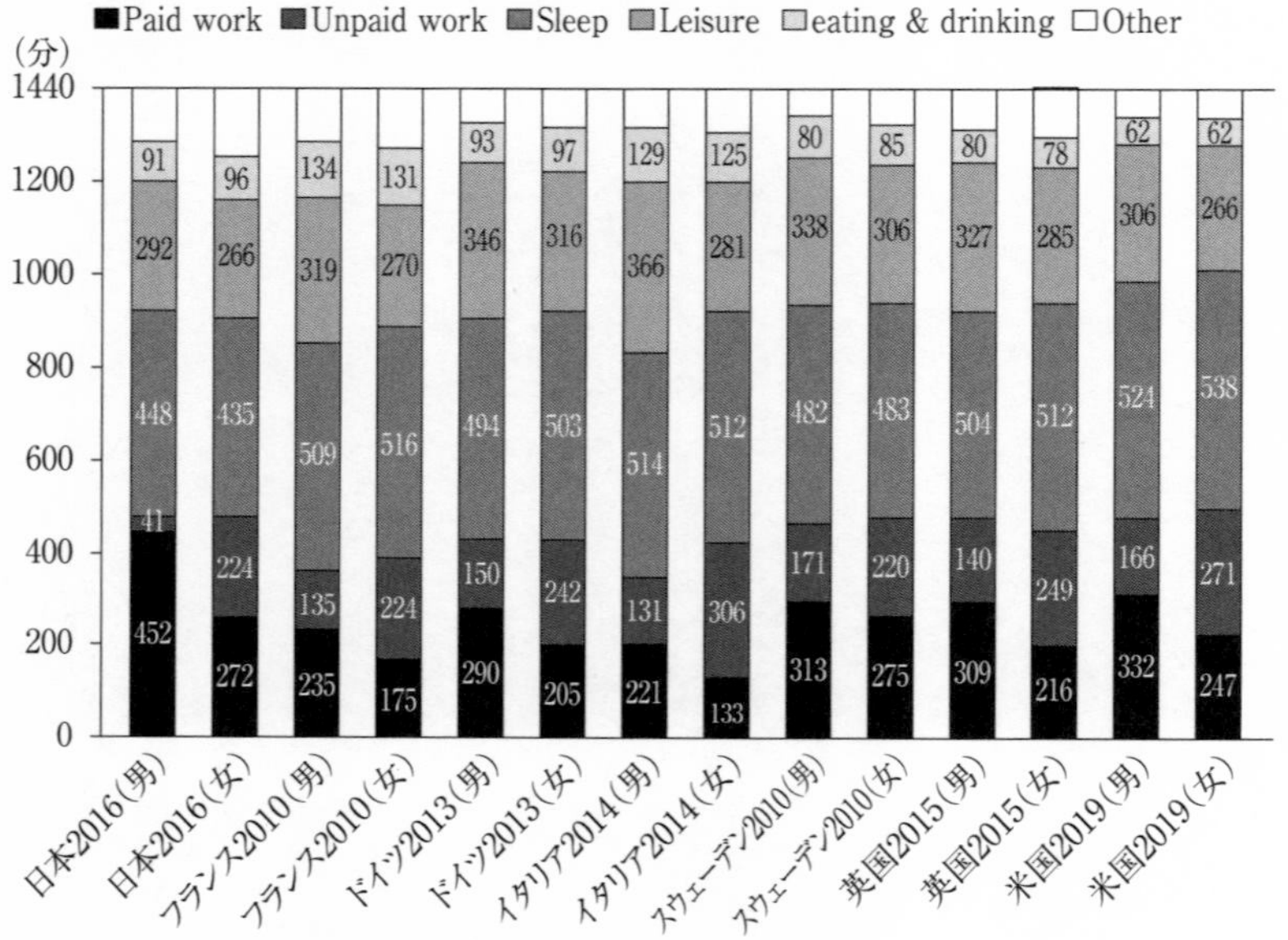

（出所）OECD Gender data portal 2021より筆者作成。

高賃金労働を普及することは生計費を満たす必要労働時間も短縮し、「一日八時間働いて普通に暮らせる」社会をつくる。マルクスは、『資本論』第一部第六篇第一八章「時間賃銀」において、「労働の価格が低ければ低いほど、労働者がみじめな平均賃銀を確保するためだけでも、労働分量はそれだけ大きく」「労働日はそれだけ長く」なり、「労働の価格の低いことが、労働時間の延長への誘因として作用する」としている（③九五二ページ）。

第二に、「労働時間短縮」→労働者の能力の発達と生産性の向上→「労働時間短縮」、という戦略である。マルクスは、一八四八年の一〇時間労働法成立、一八五〇年の抜け穴をふさいだ新「工場法」成立の意義を強調し、「一八五三―一八六〇年の大工業諸部門の驚くべき発展は、工場労働者の肉体的および精神的再生と手をたずさえて進み」「当の工場

図3-6　一人当たりGDP推移の国際比較（USドル購買力平価換算）

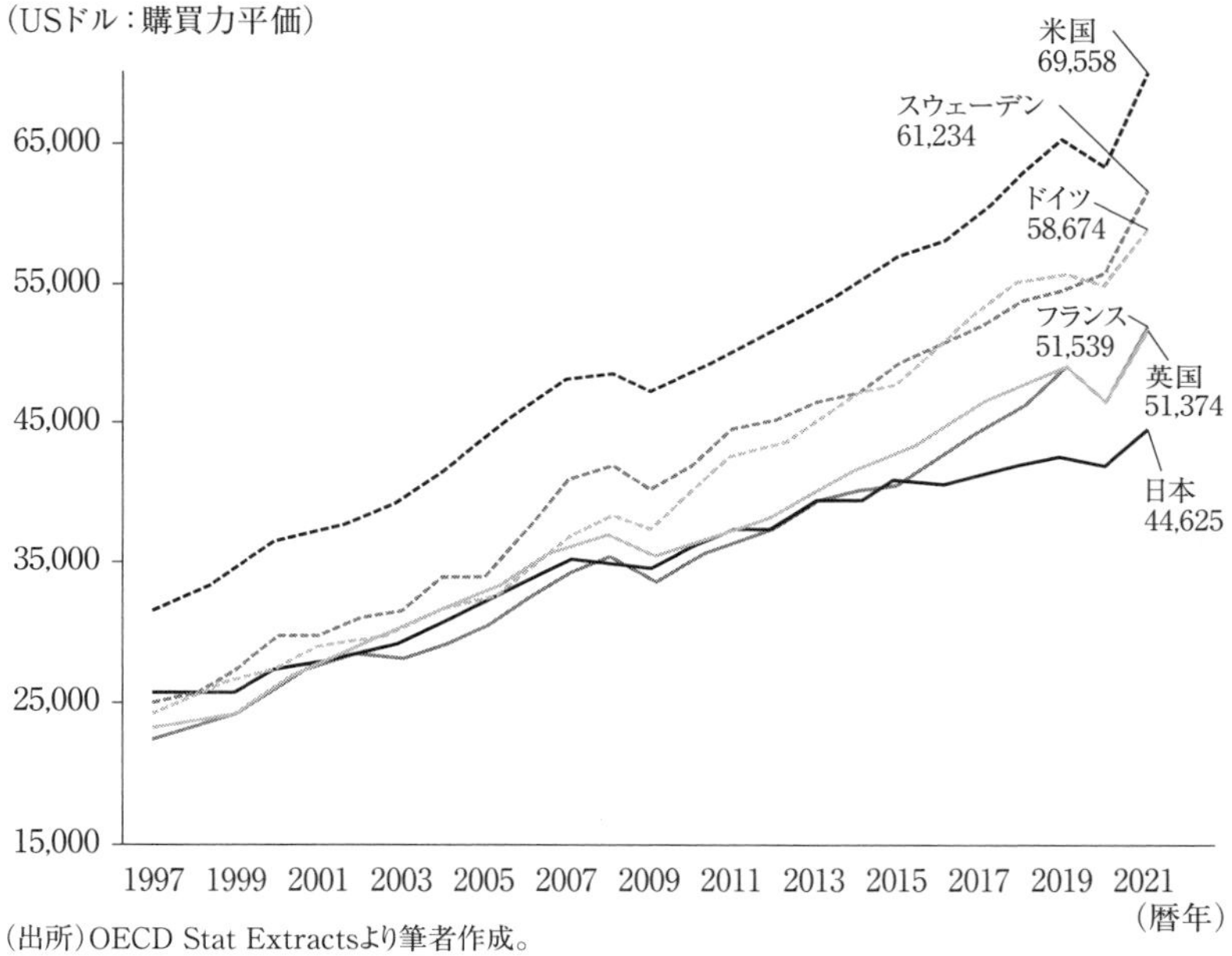

（出所）OECD Stat Extractsより筆者作成。

主たち自身が〔法律の規制を受ける工場と〕まだ『自由』である搾取領域との対照を自慢げに引き合いに出したほどである」と述べている（②五二〇ページ）。

この「過渡期」の目標と戦略を鑑みると、現代日本における「時間の経済」の現状はとりわけ厳しく、「自由な時間」という要求は切実である。図3－5は、日本の男性労働者が長時間の賃金労働（paid work）、女性労働者が無償の家事労働（unpaid work）により最も睡眠時間が短く自由時間（leisure）も短いことを示す。そして図3－6は、一九九七年に先進国第二位だった日本の一人当たりGDPが現在、最下位に沈んでいることを示す。寝ないで働く日本の労働者は、「肉体的および精神的」に傷つき貧困にあえいでいる。

＊

マルクスは、一八六七年の『資本論』第一部完成稿において、恐慌が自動的に革命に転化する「恐慌＝革命」論を克服し、「資本主義の必然的没落の法則」が社会変革の主体的条件＝「労働者階級の成長・発展の必然性」に基づくという「革命論」を構築した。

それは第一の必然性「労働者階級が自分とその階級の存続を守る階級闘争の必然性」[7]、第二の必然性「労働者階級が結合し、未来社会の主体に成長する必然性」[8]、第三の必然性「資本主義の発展のもと、労働者階級が社会変革の闘士となる必然性」[9]である。

本稿がこれまで解明したマルクスの「未来社会論」は、この「革命論」と深く結びついている。「生産手段の共同占有」を実質的に担う労働者階級の「自主管理運営能力の獲得」は「第二の必然性」そのものである。また「脱商品化・脱市場化」「自由な時間の拡大」は「第一の必然性」である労働組合による低賃金や長時間労働とのたたかい、「第三の必然性」である労働者政党による政治変革のたたかい、社会保障充実、働くルールの確立そのものである。

未来社会に通じる社会発展の法則は自然界の諸法則と異なる。それは人間の主体的な意志、行動を媒介にしてのみ、歴史に作用する。未来社会への接近は、「革命論」「未来社会論」の科学（法則性の研究）と「環境と人間とをつくりかえる長期の闘争」の結合によってしかなしえない。

注

（1）「マルクスからニーウェンホイス（在ハーグ）へ」一八八一年二月、古典選書『マルクス、エンゲルス書簡

選集　中』（新日本出版社、二〇一二年二一八〜二二〇ページ）。

（2）ここでの「過渡期」論の発展、一八六七年『資本論』第一部完成稿から一八七一年『フランスにおける内乱』、さらに一八七五年『ゴータ綱領批判』に至る変遷の論理は、不破哲三『マルクス「資本論」発掘・追跡・探究』（新日本出版社、二〇一五年）の「一　マルクス『未来社会論』の発掘」五一〜六七ページを参照。

（3）労働協約の拡張適用について労働組合法第一八条は、「一の地域において従業する同種の労働者の大部分が一の労働協約の適用を受けるに至つたとき」当該労使の申立てを受け「厚生労働大臣又は都道府県知事」が決定できるとする。過去九件の決定・認可は、全て同一地域の七五パーセント以上の同種労働者が同一の労働協約を適用されたケースである（古川景一「労働協約の力を生かす。地域的拡張適用の意義を知る」『情報労連レポート』二〇二一年一二月）。

（4）マルクスは、『資本論』第一部第一篇第一章第四節「商品の物神的性格とその秘密」においても、未来の生産手段の共同占有の下で自覚的な社会的労働力が支出されるとしている。「最後に、目先を変えるために、共同的生産手段で労働し自分たちの多くの個人的労働力を自覚的に一つの社会的労働力として支出する自由な人々の連合体を考えてみよう」（①一四〇ページ）。

（5）マルクスは、『資本論』第一部第一篇第一章第四節「商品の物神的性格とその秘密」において、「未来社会」の「生活手段」の「分配の仕方」について論じている。その「分配の仕方」は経済社会のあり方と「歴史的発展程度」に応じて「変化する」が、「彼の労働時間によって規定されるものと前提しよう」という。そして「労働時間は……共同労働にたいする生産者たちの個人的関与の尺度として」さらに「共同生産物のうち個人的に消費することのできる部分にたいする生産者たちの個人的分け前の尺度として」役立つという（①一四〇〜一四一ページ）。「自由な人々の連合体」にあっても、労働時間を尺度とする分け前の決定とは、

「自分の一定の労働時間の成果」と「他人の一定の労働時間の成果」を交換するという意味で、『資本論』第一部第七篇第二二章「所有法則の転換」における「商品生産の所有法則」「自己労働に基づく所有」にほかならない。またマルクスがここで「歴史的発展程度（に応じて）変化する」と断っているように、労働時間を尺度とする分配だけが「未来社会」の所有法則ではなく、人間らしく生きる生存権を保障する共同体原理の所有法則も当然、共存しているだろう。これが図3－3－bにおいて、「未来社会」でも「商品・市場世界（価値法則）」と「共同体的世界」との長期的共存を描く理由である。マルクスは一八七五年の『ゴータ綱領批判』において、「生産手段の共有を基礎とする協同組合的な社会の内部では、生産者たちは彼らの生産物を交換しない」「生産物に費やされた労働はこれらの生産物の価値として……現われない」と、「未来社会」における商品交換・価値法則を否定している（古典選書、二七ページ）。しかし、同じ箇所でマルクスは、「これこれの量の労働を給付したという証明書」を媒介に「個々の生産者は、彼がある形態で社会に与えたのと同じ量の労働を、他の形態と交換するのである」「個々の生産者たちのあいだへの個人的な消費手段の分配にかんしては、商品等価物の交換のときと同じ原理が支配している」とする（古典選書、二八ページ）。この「証明書」は事実上、貨幣としてしか機能できないであろう。その上でマルクスは、「共産主義社会のより高い段階において」「ブルジョア的権利の狭い限界が完全にのりこえられ、そして社会はその旗につぎのように書くことができる。各人はその能力に応じて、各人はその必要に応じて」と述べる（古典選書、三〇ページ）。これは本章の図3－3における「共同体的世界（共同体原理）」、生存権を守る必要充分原則だと考えられるが、社会保障や教育の必要充分原則は、資本主義社会においても守られなければならない。

（6）マルクスは、『資本論』第三部第七篇第四九章「生産過程の分析によせて」において、「資本主義的生産様式の止揚後」にも存在する剰余生産部分として次の四つを挙げる。「不変資本を補填する部分」「不慮の出来事と危険（に備えた――引用者）保険元本」「蓄積……の拡大のために役立てられる部分」「（子どもや老人の——引用者）扶養のため」（⑫一五一六〜一五一七ページ）。

（7）第一の必然性「労働者階級が自分とその階級の存続を守る階級闘争の必然性」とは、例えば第一部第三篇第八章「労働日」における、労働者の命を守る「社会による強制」概念である。「〝大洪水よ、わが亡きあとに来たれ！〟これがすべての資本家およびすべての資本家国家のスローガンである。それだから、資本は、社会によって強制されるのでなければ、労働者の健康と寿命にたいし、なんらの顧慮も払わない」（②四七一ページ）。

（8）第二の必然性「労働者階級が結合し、未来社会の主体に成長する必然性」とは、例えば第一部第四篇第一一章「協業」における「オーケストラの指揮者」概念である。「比較的規模の大きい直接に社会的または共同的な労働は、……一つの指揮を必要とする……オーケストラは指揮者を必要とする」。資本主義の支配と搾取を伴う指揮命令の下でも、同時に労働者の共同、結合、「個別的諸活動の調和」「生産体総体の運動……から生じる一般的諸機能（指揮命令、自主的管理運営——引用者）」という未来を担う労働者階級の主体性が生みだされる（③五八四ページ）。

（9）第三の必然性「資本主義の発展のもと、労働者階級が社会変革の闘士となる必然性」とは例えば第一部第七篇第二四章七節「訓練され結合され組織される労働者階級の反抗」概念である。これにより資本主義の「外被は粉砕され」「資本主義的私的所有の弔鐘が鳴る」（④一三三二ページ）。

第4章　新版『資本論』の刊行と今日の世界

山口富男

二〇一九年九月から刊行を開始した新版『資本論』は、各分野からの協力を得て、二〇二一年七月、全一二冊をもって完結しました（監修・日本共産党中央委員会社会科学研究所、新日本出版社から刊行）。

新版の完結に寄せながら、新版『資本論』の特徴と刊行の意義について、お話ししたいと思います。

1　研究の新たな条件を得て

新版『資本論』は、集団的翻訳として高い評価を得た新書版（全一三冊、一九八二〜八九年）の全体を、二一世紀という新たな地点にたって見直し、改訂したものです。

改訂にあたっては、『資本論』の波乱に満ちた形成史と恐慌論、社会変革論、未来社会論など、カール・

マルクス（一八一八～八三年）の学説の達成を広く検討するとともに、『資本論』研究をめぐる新たな条件の発展に注目しました。

とりわけマルクス、エンゲルスの著作と論文、草稿と抜粋ノート、手紙などを収めた新しい『マルクス・エンゲルス全集』（新メガ、国際マルクス・エンゲルス財団編集）の刊行とマルクスの利用した専門文献や各種の報告書の公開の進展に大きく助けられました。

具体的には、『資本論』とその準備草稿を収録した新メガ第Ⅱ部門（一五巻二三冊、一九七六～二〇一二年）が完結し、これらの条件を生かした研究によって、準備草稿の状態、『資本論』の形成とマルクス自身の研究の発展、さらにエンゲルスによる第二部、第三部の編集上の問題点が、詳しくわかるようになってきました。

転換と飛躍をともないながら

『資本論』の成り立ちから見てみましょう（次ページの年表参照）。

マルクスは、「一八五七～五八年草稿」、「一八六一～六三年草稿」と呼ばれる二つの経済学草稿を経て、著作の表題も『資本論』にあらため、一八六三年の夏から、第一部の最初の草稿執筆に入ります（第一部初稿）。

六四年夏に第一部初稿をまとめたマルクスは、ついで第三部の執筆にとりかかり、同年末頃までに前半部分（第一～三章）を書き終えたようです。マルクスは、「利潤率」の低下という現象を科学的に解明すること

〔年表〕『資本論』の歴史から

1818年5月	マルクス　現在のドイツ・ライン州のトリーアに生まれる
1820年11月	エンゲルス　ライン州のバルメンに生まれる
1843年〜44年	マルクス　パリで経済学の研究をはじめる（25歳）
1848年2月	『共産党宣言』を発表。ドイツ革命に参加（48〜49年）
	革命敗北後、マルクス、イギリス亡命（49年8月）。エンゲルスも
1850年	マルクス　ロンドンで経済学研究を再開（大英博物館を利用）
	53年までに24冊の経済学ノートをつくる（「ロンドン・ノート」）
1857〜58年	最初の経済学草稿を執筆（『57〜58年草稿』、ノート7冊）
1859年6月	商品と貨幣を分析した『経済学批判』第1分冊を刊行（41歳）
1861〜63年	二つ目の経済学草稿を執筆（『61〜63年草稿』、ノート23冊）
1863年8月〜64年前半	著作名を『資本論』に変え、第1部の初稿を執筆
1864年夏〜64年末	第3部の前半草稿を執筆〔現行の第1篇〜第3篇〕
［1864年9月	**ロンドンで国際労働者協会（インタナショナル）創立］**
1865年前半	第2部の第1草稿を執筆（邦訳『資本の流通過程』、大月書店）
［1865年の理論的転換——『資本論』の内容と組み立てが大きく変わる］	
1865年6月	マルクス　インタナショナルで講演（『賃金、価格および利潤』）
1865年夏〜65年末	第3部の後半草稿を執筆〔現行の第4篇〜第7篇〕
1866年1月〜67年4月	新しい構想で第1部の完成稿を執筆（5〜8月、校正作業）
1867年9月	『資本論』第1部をドイツで刊行（49歳）
1867〜81年	第2部の諸草稿を執筆（第1草稿を含め、8篇の草稿を残す）
1872年7月〜73年3月	『資本論』第1部第2版を刊行（9分冊、のち合本）
1872年9月〜75年11月	『資本論』フランス語版（マルクス校閲、改訂）刊行
1883年3月	マルクス　ロンドンで死去（64歳）。死後、第1部第3版を刊行
1884年5月〜85年1月	エンゲルス　第2部の草稿を口述筆記で清書し（1日5〜10時間で、84年10月まで）、編集原稿を作成
1885年1月〜7月	エンゲルス　第3部の草稿を口述筆記で清書
1885年7月	エンゲルス　『資本論』第2部を編集し、ドイツで刊行（65歳）
1887年1月	『資本論』第1部英語版を刊行（エンゲルス監修）
1888年10月〜94年5月	エンゲルス　第3部の編集原稿の作成にあたる
1890年12月	『資本論』第1部第4版を刊行
1893年	『資本論』第2部第2版を刊行（エンゲルスの序言の日付は、7・15）
1894年12月	エンゲルス　『資本論』第3部を編集し、ドイツで刊行（74歳）
1895年8月	エンゲルス　ロンドンで死去（74歳）

に成功していました。同時に当時は、これが恐慌への動因となり、資本主義の体制的危機（没落）につながると考え、第三部の前半（現行の第三篇、章への区分と表題はエンゲルス）も、この見方によっていました（⑧四ページの＊参照。＊印は訳注を指す、以下同じ）。

翌六五年前半、マルクスは、第二部の最初の草稿（第一草稿）の執筆に移ります。資本の循環を考察した最初の章のなかで、マルクスは、商人資本の介在によって、販売が「現実の需要」から独立化し、「架空のW—G—W」が現実のそれにとってかわり、恐慌が準備されることをつかみます（⑦八五八〜八六二ページの＊2参照）。この研究は、機械制大工業の段階で深刻さを増す「生産と消費との矛盾」が、再生産過程のなかでどのように展開し、恐慌に爆発するのかという角度での接近で、利潤率低下の法則とは異なる地点での解明となったものでした。

これを契機に、マルクスは、恐慌の発生と資本主義の没落とを直接的に結びつける以前の見方を乗り越え、資本主義的生産の発展とそのもとでの社会変革の諸条件の発展を深く探究してゆきました。[1]『資本論』の組み立ても、当面の研究課題を「資本一般」にしぼった当初の構想から、賃労働と土地所有を含めた資本主義的生産の全体を研究対象とするものに発展させています（⑤一〇ページの＊2参照）。

マルクスは、六五年後半に執筆した第三部の後半で（現行の第四〜七篇）、商業利潤、利子、地代の成立と運動をとりあげ、恐慌にいたる過程での商人資本の果たす役割を「架空の需要」という用語も使って研究し（⑨五一八〜五二一ページ）、信用論では、恐慌を資本主義の「没落」の時期の現われと見るのではなく、産業循環の諸時期の一つととらえました（⑩八六八〜八七〇ページ）。

こうして、六五年末、マルクスは、ともかくも『資本論』全三部の最初の草稿を書きあげました。

六六年一月からは、第一部草稿の仕上げです（第一部完成稿）。マルクスは、機械制大工業が切り開きつつある資本主義的発展の巨大さを正面からとらえ、産業循環を近代的産業の「生活行路」と呼び、恐慌をその一局面として位置づけます（③七九四ページ、④一一〇四ページ）。そして、新たな章も執筆して、「資本の増大が労働者階級の運命におよぼす影響」を研究します（④一〇六八ページ）。「資本」の側からだけでなく、その変革者である労働者階級の成長・発展を視野においての研究でした。こうして、第一部の結論部分で、資本主義的蓄積の進行が、「貧困、抑圧、隷属、堕落、搾取」の増大の過程であると同時に、資本主義的生産の機構そのものによって労働者が「訓練され結合され組織され」、反抗を増大させる過程となることを解明し、労働者階級の闘争を軸にした社会変革の必然性を書き込むことになりました（第七篇第二四章第七節「資本主義的蓄積の歴史的傾向」）。

『資本論』第一部は、一八六七年九月、マルクス自身の研究上の転換と飛躍を経て、刊行されました。第一部刊行後、マルクスは、第二版（一八七二～七三年）とフランス語版（七二～七五年）で第一部の改訂に取り組みます。また、第二部の草稿執筆を第二草稿から第八草稿まで続け、八三年三月、その途上で倒れました。第三部については、手直しの機会をもつことなく、六四年から六五年にかけて執筆した「主要草稿」が遺されました。(2)

エンゲルスの苦闘と編集上の問題

フリードリヒ・エンゲルス（一八二〇～九五年）は、マルクスの死後、遺された第二部、第三部の諸草稿を発見し、はじめてこれに目を通します。その後、草稿を編集して第二部、第三部を公刊するまでのエンゲルスの苦闘は、彼自身が〝難行苦行〟と述べたように、苦しい作業の連続でした（一八八四年六月二〇日のヨハン・フィリップ・ベッカーへの手紙、『マルクス・エンゲルス全集』第三六巻、一四八ページ）。

エンゲルスは、健康状態が思わしくないもとで、判読の困難なマルクスの草稿を口述筆記も利用して清書し、そこから編集に入ります。彼自身、マルクスから草稿についての詳しい説明を受けたこともなく、判読に苦労をして、その全体を本格的に読み込むゆとりはなかったかもしれません[3]。こうした作業は二年ほどつづき、一八八五年七月、第二部を刊行します。第三部は、最初に書いた未完成部分を含む大部の草稿で計算間違いも多く、一〇年近くにおよぶ編集作業が必要でした。エンゲルスは、一八九四年の末に第三部を刊行し、その八カ月後に亡くなりました。

マルクス死後、一〇年余りのあいだに、第二部、第三部を公刊し、『資本論』研究の全体の姿を示したことは、エンゲルスならではの歴史的業績でした。しかし、そこには、マルクスの研究の到達点を的確に反映できなかった編集上の問題点も残されていました。

エンゲルスは、第二部第一草稿を「断片的な論稿」で「利用できるものはなかった」と述べたように（第二部への「序言」、⑤九ページ）、恐慌論でのマルクスの研究の進展を十分にはつかんでいなかったように思います。この判断は、第二部、第三部の全体にかかわる編集上の問題にもつながっていました（⑤一〇ページの＊2参照）。

そのため、第三部第三篇の編集で資本主義の古い没落論が残され、第二部では、第一篇第二章での第五草稿（一八七六〜七七年執筆）による第一草稿の転記部分（⑤一二四〜一二五ページ）、第二篇第一六章の原注三二（⑥五〇一～五〇二ページ）などで、草稿の編集と文章の書き入れの双方に検討の必要な問題が生まれました。マルクスは、第三部後半の商人資本論で恐慌論の新しい展開にかかわる重要な言及を行っていました（第四篇第一八章「商人資本の回転。価格」）。しかし、現行版では、その趣旨が読み取りにくくなっています（⑨五一八～五二一ページ）。そのうえ、恐慌論の命題にかかわるマルクスの文章への書き換えもありました（第三部第五篇第三〇章「貨幣資本と現実資本 Ｉ」、⑩八五六～八五七ページ、八七〇～八七一ページ）。

新版『資本論』が、マルクスの学説の歩みと到達点を新しい訳注で示しながら、エンゲルスの編集上の問題点を解明することに力を入れたのも、こうした経緯を踏まえてのことです。

2　新版の特徴を各部ごとに見る

つぎに、新版『資本論』の改訂上の特徴を、各部ごとに追ってみましょう。

第一部「資本の生産過程」（全七篇二五章）

第一部（新版では全四冊で刊行）では、完成稿でのマルクスの新たな解明点を重視し、資本主義社会のもとでの変革主体としての労働者階級の成長と発展を論じた部分の訳文や訳語を改善し、マルクスの研究上の発展、歴史的事項に関わる訳注を大幅に増やしています（①七ページの＊、④一〇六八ページの＊ほか）。関連して、資本主義的生産の発展を分析するさいのマルクス独自の重要概念である「独自の資本主義的生産様式」、「全体労働者」の訳語を統一し、それぞれについて、新たな訳注を設けました（③五七八ページの＊、③八八八ページの＊）。

さらに、第二版、フランス語版での改訂内容を重視し、叙述のどこが変更・追加されたのか、また、第三版（一八八三年）、第四版（一八九〇年）でのエンゲルスによるフランス語版の記述の反映などを、訳注として詳しく紹介しています（①一八ページの＊3、④一〇六八ページの＊後段ほか）。また、必要な場合には、その後の版で削除された叙述や原注も訳出しています（①九ページの＊1、③九〇三ページの＊、④一三五二ページの＊ほか）。ここからも、マルクスの研究の進展と叙述の改訂ぶりを確認できると思います。

第二部「資本の流通過程」（全三篇二一章）

第二部（新版では全三冊で刊行）では、とくに恐慌論と再生産論の展開を重視しました。

マルクスは、資本主義的生産における経済的矛盾の深刻な表れとして恐慌の現象を重視し、第二部で、恐慌論のまとまった形での展開を構想していました（この構想は、第二草稿〔一八六八～七〇年執筆〕のなかで述べられた）。しかし、この構想は、病気による草稿執筆の中断で実現しませんでした。新版では、この点を踏まえ、恐慌論の今後の展開について述べたマルクスの「覚書」を、第二草稿から訳出し、訳注として紹介しました（⑥五〇二ページの＊3）。

また、エンゲルスが編集に利用しなかった第一草稿（一八六五年前半執筆）のなかに、恐慌論の大事な解明があることがわかったので、その部分を参考資料として第二部の末尾に四ページにわたって収録し、編集上の弱点を補うようにしました（⑦八五八～八六二ページの＊2）。これは『資本論』の編集史上、初めての試みといわれるものです。

マルクスは、社会全体の生産と消費の流れをとらえる拡大再生産の研究で苦闘し、一八八〇年から八一年にかけて、第八草稿のなかで、その表式化をなしとげました。[4] エンゲルスは、独自に節や表題をつけ、つながりのある論述となるよう手を入れて、この部分を編集しました（第三篇第二一章「蓄積と拡大再生産」）。しかし、実際のマルクスの研究は、順調にすすんだわけではなく、失敗と模索、挑戦を繰り返していました。新版では、拡大再生産の研究に挑戦したマルクスの研究の節目と考えられる箇所に新しい訳注を設けました（⑦七九三ページ＊2、⑦八三一ページの＊1ほか）。これによって、マルクスが失敗と模索のなかで、最後に拡大再生産の表式化に到達するまでを〝苦闘は苦闘として〟読むことができると思います。

第三部「資本主義的生産の総過程」（全七篇五二章、草稿では、「総過程の諸姿容」）

第三部（新版では全五冊で刊行）では、利潤率の傾向的低下と体制的危機の関連づけに、その後乗り越えた論述がふくまれていることを訳注で指摘し（⑧一〇ページの＊ほか）、信用論、未来社会論でのエンゲルスの編集上の問題点に新たな光をあてました。

第五篇信用論の編集は、エンゲルスにとっても、第三部編集での最難関となったところです。この篇では、マルクスが他の著作で利用する予定でいた議会報告書からの抜粋を『資本論』の本論に入れてしまうという、編集上の誤りも生まれました。

マルクスの信用論研究は、現代の金融経済を分析するうえでも重要な内容です。新版では、マルクスの信用論草稿の状態を訳注で詳しく説明し（⑨六九三～六九四ページの＊）、第三三章と第三四章では、信用論の本論としてマルクスが書いた文章、エンゲルスが書き加えた文章、もともと他の著作で利用する予定だった抜粋部分を、それぞれ区別して読み取れるように訳注を大幅に増やしました（⑩九三一ページの＊ほか）。[5]

つぎに第七篇で展開された未来社会論です。ここでは、エンゲルスによる原稿の配列を変更しています。マルクスは、第三部第七篇第四八章「三位一体的定式」のなかで、未来社会論をまとまった形で展開していました（⑫一四五九～一四六〇ページ）。これらの文章には、マルクスの手によって［　］括弧がつけられていましたが、この印は、当面の主題とは別の問題を論じるときなどにつけた独特の符号でした。

エンゲルスの編集では、この文章が、「断片」と名付けた三つの文章と、〝粗雑な現象のもっともらしい説明をおこなう〟俗流経済学への批判の文章のなかに挟み込まれていました。現在では、「断片」の二つについても、置かれるべき場所が明確になっています。

新版では、マルクスの草稿どおりに、未来社会を論じた文章を第四八章の冒頭におき、訳注で、今回の組み替えの経緯を明らかにしています（⑫一四五七ページの＊2）。

マルクスは、剰余労働が搾取社会のなかでどんな役割を果たしてきたかを述べるなかで、「未来社会ではどうなのか」と考え、「自由の国」、「必然性の国」という新しい用語もつかって、［　］でくくられた未来社会にかかわる考察に移ったようです。

この改訂によって、すべての人間が自由な時間をもち、全面的な発達をとげてゆくと展望したマルクスの未来社会論の到達を、ありのままの形で読み、検討することができるでしょう。

以上、改訂上の特徴点を、ごく簡潔に紹介しました。(6)

不破哲三さん（日本共産党社会科学研究所所長）は、新版『資本論』刊行の意義について、刊行記念講演（二〇一九年九月）のなかで、つぎのように述べています。

「私たちは、エンゲルスも十分に読み取る機会と条件がなかった『資本論』成立の歴史が、資料の面でもこれだけ明らかになった現在、この仕事をやりとげることは、マルクス、エンゲルスの事業の継承者としての責任であり、義務であると考えて、この仕事に当たってまいりました。そして、今回、発刊する新版『資本論』は、エンゲルスが、資料も時間も十分にもたないなかでおこなった編集事業の労苦に思いを寄せ、その成果を全面的に生かしながら、『資本論』の執筆者であるマルクスの経済学的到達点をより正確に反映するものになったことを確信しています」(7)（「『資本論』編集の歴史から見た新版の意義」、『「資本論」完成の道程を探る』、二〇二〇年、新日本出版社、五四ページ）。

3　マルクスの理論と今日の課題

私たちは、この数年、コロナ・パンデミック（世界的流行）を経験するなかで、世界の資本主義の現状と歴史をどうつかみ変革するのか、するどく問われてきました。そのもとで、さまざまな資本主義論が語られ、資本主義を超える社会への関心も高まっています。

新版『資本論』は、このような時期にあって、マルクスの理論と今日の諸課題の解明とを結ぶ、社会的にも意味のある刊行になったと思います。(8)

資本主義を根底からつかむ

『資本論』は、一九世紀の著作ですが、そこには、今日の課題を考えるうえでも不可欠な、多くの理論的解明があります。

マルクスは、人間の搾取を実態とする剰余価値のより大きな追求が、資本主義的生産の本性であり、資本主義の強制法則であることを、詳しく明らかにしました。私たちが「利潤第一主義」と呼んでいるものです。「資本は唯一の生活本能を、すなわち自己を増殖し、剰余価値を創造し、その不変部分である生産諸手段で、できる限り大きな量の剰余労働を吸収しようとする本能を、もっている」(第一部第三篇第八章「労働日」、②四〇一ページ)。

「自由競争は、資本主義的生産の内在的な諸法則を、個々の資本家にたいして外的な強制法則として通用させる」(同、②四七一ページ)。

マルクスは、資本の「利潤第一主義」が社会全体を支配し、雇用の不安定化と労働・生活苦を増大させ、社会的格差の大きな拡大を引き起こすこと、そこに、資本主義的生産の固有の制限と限界を見ました。そして、社会的ルールづくりと働く人々の共同の成長による資本への対抗の道を示しました（同、②五三二ページ）。『資本論』によって、資本主義的生産の諸原理をつかむことは、現在、起きている事態の性格をつかみ、問題の打開方向を探究する、大きな力となるはずです。

人間と自然との関係でも

さらに、マルクスは、剰余価値の獲得を目的とする資本主義的生産が、人間と自然との有機的な関係（物質代謝）と衝突し、これをかき乱すと警告しました（第一部第四篇第一三章「機械と大工業」、③八八〇〜八八一ページなど）。

長年にわたる利潤追求の経済活動が、地球大気のなかのCO_2（二酸化炭素）排出量を増やし、その結果、大気の温度が上がることで、海水温の上昇、気候の大変動がおこり、人類の生存の危機ともいえる事態を生みだしました。大型台風や豪雨にともなう河川の氾濫《はんらん》、大規模な土砂崩れなど、前例のない災害も頻発しています。コロナ・パンデミックをめぐっても、その根底に、経済活動の生態系への無秩序な進出、破壊に由来する問題があると指摘されています。ここでも暮らしのただなかで、資本主義的生産が抱える問題群が顕在化しています。

こうした撹乱・破壊を規制・抑制し、人間と自然との交流・共生を、合理的に、「人間性にもっともふさわしい、もっとも適合した諸条件」のもとですすめようというのが、マルクスの解明であり、未来社会への展望としても、重視していたものでした（第三部第七篇第四八章「三位一体的定式」、⑫一四六〇ページ）。

一方、気候危機にたいしては、CO_2の排出量を削減し、脱炭素、省エネルギーと再生可能エネルギーを大規模にすすめる、真剣な取り組みもはじまっています。マルクスの解明は、このような現代の動きとも、共鳴しあう内容をもっています。

新しい社会への変革の諸条件

マルクスは、資本主義社会が人間社会の永遠に続くあり方ではなく、一時的な性格をもっていること、矛盾する現実のなかに新しい社会への変革の諸条件が生みだされていることを明らかにしました。

「彼は容赦なく人類を強制して、生産のために生産させ、したがって社会的生産諸力を発展させ、そしてまた、各個人の完全で自由な発展を基本原理とするより高度な社会形態の唯一の現実的土台となりうる物質的生産諸条件を創造させる」（第一部第七篇第二二章「剰余価値の資本への転化」、④一〇三〇ページ）。

それらの条件として、マルクスは、社会的生産力と国民の生活と権利を守るルール、経済への規制・管理の諸形態の発展とともに、新しい社会をつくりだす主体的な勢力の成長と自由な個性の発展に着目しました。

第一部完成稿では、労働時間を規制する工場法などの獲得の歴史をふりかえり、工場法獲得の成果と労働者の階級的成長が社会変革の契機になってゆくことを明らかにしています。第三篇第八章「労働日」の結びの部分では、最後の注のなかに、『工場監督官報告書』から次の一節を引いています（②五三三ページ）。

〝工場法の獲得は、労働者たちに「彼らを自分自身の時間の主人にすることによって、彼らをいつか起こりうる政治権力の獲得に向かわせる精神的エネルギー」を与えた〟

また、マルクスは、同じ章のなかで、「自分自身の時間」（自由に処分できる時間）の内容を、「人間的教養のための、精神的発達のための、社会的役割を遂行するための、社会的交流のための、肉体的・精神的生命力の自由な活動のための時間」（②四六二ページ）と特徴づけました[9]。

つづく第四篇では、労働者が社会的生産の担い手となってゆく過程、さらに、工場法が社会全体に拡大してゆく過程を分析し、労働者階級による政治権力の獲得にも言及しながら、工場立法などの成果が「変革の酵素」（第一部第四篇第一三章「機械と大工業」、③八五一ページ）になっていると位置づけます。そして、「工場立法の一般化」が「新しい社会の形成要素」と「古い社会の変革契機」という二重の意義を持つことを解明し、今日の主体的取り組みが未来社会に向かう条件を成熟させてゆくことを先駆的に示したのでした（③八七七ページ）。

このなかでは、「一つの歴史的な生産形態の諸矛盾の発展は、その解体と新たな形成との唯一の歴史的な道」であることを強調し（③八五一ページ）、資本主義的生産が「家族と男女両性関係とのより高度な形態のための新しい経済的基礎をつくり出す」（③八五五ページ）という、注目すべき提起も行っています。

現代に生きる著作として

このように『資本論』は、資本主義の矛盾を太くつかみだすとともに、新しい社会への展望を豊かに語っています。今日的な諸課題の考察にあたっても、生きた力を発揮している著作といってよいでしょう。

マルクスの労作を研究し、資本主義の世界的な現実のなかに、資本主義的生産様式の矛盾とその限界をつかみ、乗り越えてゆくことは、二一世紀を生きる私たちの理論的、実際的な課題です。

注

（1）この時期のマルクスの研究は、国際労働者協会（インタナショナル）での活動と深く結びついていた。「労働日」の部分を歴史的に拡大した第一部完成稿での研究は、インタナショナル・ジュネーヴ大会（一八六六年九月）の議題に予定されていた「労働日の制限」、「年少者と児童（男女）の労働」などの決議案作成の準備とも関連していた。

（2）『資本論』第一部初版への「序言」（一八六七年）で明記されているように、マルクスは、理論的な三つの部にくわえて「第四部　理論の歴史」をくわえた四部構成の著書を計画していた。

「この著書の第二巻は資本の流通過程（第二部）と総過程の諸姿容（第三部）とを取り扱い、最後の第三巻（第四部）は理論の歴史を取り扱うであろう」（①一五ページ）。

しかし、実際にマルクスが執筆したのは、第三部までの草稿で、第四部については、その主題の一部をなすと考えられる「剰余価値に関する諸学説」についての草稿が『六一～六三年草稿』のなかに遺されるにとどまった。なお、第三部では、新メガ第Ⅱ部門第四巻第二分冊（一九九二年、実際は九三年の刊行）で公表された主要草稿以外に、短い四つの書き直しの試み（現行の第一篇）が残されている（一八六七～六八年執筆と推定、新メガ第Ⅱ部門第四巻第三分冊〔二〇一二年〕に収録）。

（3）エンゲルスの第二部編集原稿（一八八四～八五年）は、新メガ第Ⅱ部門第一二巻（二〇〇五年）ではじめて公表された。

（4）第二部第八草稿は新メガ第Ⅱ部門第一一巻（二〇〇八年）に収録。大谷禎之介氏によって、その全文が邦訳されている。『資本論草稿にマルクスの苦闘を読む』、桜井書店、二〇一八年。

（5）信用論草稿の全体は、大谷禎之介氏の次の著作で、邦訳されている。『マルクスの利子生み資本論』全四巻、桜井書店、二〇一六年。

（6）私は、『経済』二〇二〇年五月号で「新版『資本論』の刊行とその特徴」を報告した。この報告は、新版の完結後、補訂・加筆し、『マルクス「資本論」のすすめ「新版」で読む』（学習の友社、二〇二一年）の第二章に収録した。より詳しく論じた点も多く、あわせて参照願いたい。

（7）その後、不破哲三氏は、新版『資本論』の成果を生かし、『「資本論」全三部を読む　新版』（全七冊、新日本出版社、二〇二一～二二年）を刊行した。山口「『資本論』を現代に生きる指針として読む――不破哲三著『「資本論」全三部を読む　新版』の完結に寄せて」（『前衛』二〇二三年二月号）が、同書の特徴を検討している。

（8）本書第Ⅱ部に収録した座談会（初出は『前衛』二〇二一年一一月号、一二月号の「コロナ禍の下で『資本論』を学ぶということ」）が、新版『資本論』の特徴とともにマルクスの解明の現代的な意義について、多角的な議論を交わしている。

（9）マルクスは、一八五〇年代の研究のなかで、イギリスの匿名パンフレットの著者（チャールズ・ウェントワス・ディルク。一七八九～一八六四年）の所論を知り、「自由な時間」の獲得に着目した。そして、労働時間の短縮によって、〝自由な活動と諸能力の発展〟をはかる「自由な時間」の獲得に特別の意義を認め、未来社会論としての展開をふくめ、一連の研究を続けていた。山口前掲書二〇～三二ページ参照。なお、ディルクの匿名パンフレット『国民的苦難の根源と救済策……ジョン・ラッセル卿への書簡』（ロンドン、一八二一年）についてのマルクスの抜粋（一八五一年七月）は、新メガ第Ⅳ部門第九巻一六三～一六五ページ（ロンドン・ノート第一二冊二七～二八ページ）に収録されている。

第Ⅱ部　座談会　新版『資本論』の完結によせて

石川康宏
関野秀明
萩原伸次郎
山口富男

1　新版『資本論』の特徴
——新版の刊行を終えて

マルクスの研究の到達点を正確に反映し、編集上の問題点を克服

山口富男

二〇一九年九月から刊行をはじめた新版『資本論』は、二〇二一年七月、全一二冊で完結しました。刊行にさいして、多くのみなさんから、さまざまなご支援・ご協力を得ました。監修にあたった日本共産党社会科学研究所として、あらためて、お礼を申し上げたいと思います。

はじめに、刊行後の反響をひとつ紹介します。

第三部の最終巻（第一二分冊）、第四八章「三位一体的定式」の、マルクスの未来社会論にかかわる論述ですけれども、エンゲルスの編集をあらためて、草稿どおりに「未来社会論」についてのマルクスの論述を

章の冒頭に移しました（⑫一四五七ページ）。これについての反響がたいへん大きいのです。

ある研究者の方からこんな評価をいただきました。

〝これまで前後の文脈が「すっきりしなかった」ところが多く、何度も読み返しながら戸惑っていたが、そうしたモヤモヤがみごとに解消された。この組み替えは、特筆される〟。

すでに、新版の各部は増刷になっていますが、第一二分冊は、刊行後二週間での増刷でした。他の分冊と比べても一番早く、その点でも反響の大きさを感じています。

『資本論』をめぐる研究条件の発展をふまえる

新版『資本論』は、一九八〇年代に刊行した新書版を、訳文、訳語、訳注、さらに編集の全体にわたって見直し、改訂したものです。改訂準備の作業は、二〇〇四年に決定した新しい日本共産党綱領を受け、二〇〇五年からはじめました。

私たちは、社会変革論、未来社会論をはじめ、日本共産党綱領の達成と『資本論』の諸命題について研究するとともに、『資本論』をめぐる研究条件と研究内容の発展に注目しました。

新しい『マルクス・エンゲルス全集』（新メガ、国際マルクス・エンゲルス財団）の刊行によって、『資本論』に関係するマルクスの草稿の全体が読めるようになったこと、また、マルクスが研究に利用した著作や報告書もかなり公開され、引用や統計表の再検証も容易になりました。

そして、これらの条件を生かした研究によって、草稿の状態と『資本論』の形成の歴史――マルクス自身の研究が発展してゆく姿が見えてきました。さらにエンゲルスによる第二部、第三部の編集上の問題点も、詳しくわかるようになりました（本書九四ページの年表参照）。

『資本論』の形成の歴史をふりかえると、マルクスは、第一部の最初の草稿を一八六三年八月から翌年夏にかけて書き上げ、六四年後半に第三部の前半（現在の一～三篇）を執筆します。そのあと、一八六五年前半に第二部の最初の草稿（第一草稿）の執筆に移り、そこで、恐慌が資本主義的生産の運動のなかで周期的に起こる循環の一局面であることを発見し、それ以前の、恐慌を資本主義の体制的危機と直結させた「恐慌＝革命」説、「利潤率の低下」を資本主義の体制的危機と結びつける見方を乗り越えることになりました。

この発見は、資本の再生産過程に商人が入り込み、再生産過程が商品の消費の現実の動向から独立して進行するようになって恐慌が発現するというものですけれども、これは、恐慌論だけでなく、それ以後の『資本論』の内容にも、大きな転換をひきおこすものとなりました。

これを契機に、マルクスは、資本主義的生産の発展とそのもとでの矛盾の発展、社会変革の展望についての本格的な研究をすすめ、一八六六年から執筆した第一部完成稿の最後の部分では、資本の側の搾取強化とそのもとで「訓練され結合され組織される」労働者階級の闘争を軸にした新しい資本主義の没落論が定式化されることになりました（④一一三二ページ）。

エンゲルスの編集上の問題点の解明

エンゲルスは、たいへんな苦労のすえに、第二部、第三部を編集しましたが、第二部第一草稿については、これを「断片的な論稿」で「利用できるものはなかった」と述べたように（⑤九ページ）、恐慌論でのマルクスの到達点を見落としていたように思います。そのため、第三部の前半部分に、古い没落論が訂正されないまま残り、第二部（⑥五〇一〜五〇二ページの原注、⑤一二四ページでの第一草稿の論述からの転記）や第三部後半の商人資本論（⑨五一八〜五二一ページ）などで述べられていた新しい恐慌論にかかわる言及も、本論としては、読み取りにくいものになっていました。

今回の改訂では、恐慌論、社会変革論、未来社会論をはじめ、マルクスの学説の到達点を明確にし、エンゲルスの編集上の問題点を解明することに、特別の力を入れました。

改訂上の主要な内容は、新版『資本論』「凡例」の「三」で紹介したところです。一例をあげますと、新しい恐慌論にかかわる箇所に、監修者の新たな「注」をおこすとともに、第二部の最後（第七分冊）に、五ページにわたる大きな「注」をたて（⑦八五八〜八六二ページ）、第二部第一草稿の恐慌論の三つの文章を紹介することで、編集上の弱点を補うという改訂を行いました。

このような改訂によって、新版『資本論』は、執筆者であるマルクスの経済学的到達点をより正確に反映し、エンゲルスの編集上の問題点を克服する、新しい編集版になったと考えています。「新版」と名づけた理由の一つもこの点にありました。

コロナ禍　新しい社会の模索と響きあう

刊行を終え、もう一点、感じていることがあります。

コロナ・パンデミックを経験するなかで、資本の利益を最優先にする新自由主義とその政策が、いかに社会を脆弱化《ぜいじゃくか》させ、不合理を横行させてきたかがはっきりしてきました。そのもとで、今、「資本主義の限界」がさまざまな形で語られ、新しい社会への模索や探究も強まっています。

こうした時期に新版『資本論』を刊行できたことは、社会的にも意味をもっていると考えます。『資本論』は、利潤第一主義の克服でも、人間と自然との関係の合理的な再建においても、今日の諸問題とその打開方向を考えるさいに不可欠の理論的足場を提供しています。しかも、マルクスは、資本主義社会が人間社会の歴史からみれば、〝一時的、経過的な社会〟であり、たたかいによって主体的条件が鍛えられることなど、新しい社会に向かう変革への展望が満ちていることを明らかにしました。資本主義への徹底的な批判とともに、希望を語っています。

『資本論』は、一九世紀後半の仕事ですが、その解明は、現代社会の諸問題を真剣に考えようとする人々の思いにも、響きあう内容をもちます。新版『資本論』の刊行を終え、あらためてマルクスの労作を研究し、二一世紀の世界の分析と社会変革の事業に生かしてゆくことは、私たちの大きな研究課題になっていると感じている次第です。

討論

□マルクス自身の研究に即して読むことができる

石川　『資本論』の第二部、第三部はエンゲルスが編集したものですが、長くエンゲルスの編集の当否を論ずるための材料は公開されず、その結果、一九世紀末以来、マルクスが書き上げてさらに改訂を重ねた第一部と、マルクスの完成稿ではない研究途上の草稿から、必ずしも研究の到達をマルクスから聞かされてはいなかったエンゲルスがまとめた第二部、第三部を、それぞれに完成したものとして読む以外の方法がありませんでした。

しかし、いま山口さんが紹介されたように新メガが出版され、そこにマルクスの草稿のすべてがおさめられ、それによってマルクスの研究の発展過程とともに、エンゲルスによる編集の妥当性を客観的に検討するための条件がつくられました。そして、様々な研究の結果、『資本論』そのものの内部に、マルクスによる研究の到達度が大きく異なる原稿が併存することがわかってきたわけです。到達度の相違で最大のものは、第二部第一草稿での恐慌のいわゆる運動論の発見――それは資本主義の発展論・変革論の新たな発展に直結する論点でもあったわけですが、その発見の前に書かれた第三部第一・二・三篇と、その後に書かれたその他の原稿部分の違いでした。

特に第三部第三篇で論じられた「利潤率の傾向的低下」の問題は、マルクスが第二部第一草稿をきっかけに乗り超えていく古い変革論（「恐慌＝革命」論）に直結しており、これらが同じ『資本論』の中に併存したために、マルクスの資本主義変革論の核心は全三部のどこにあるのかといった大きな問題が後世に残されることにもなったのでした。そうなった一番の直接的な理由は、エンゲルスがマルクスによるこの理論的飛躍に気づけなかったことですが、そのためにエンゲルスはそもそも第二部第一草稿を『資本論』に取り入れることもできませんでした。

他にもいくつかの問題がありますが、そうしたエンゲルスの編集上の弱点を、多くの訳注をそえることで頭の中で是正しながら読んでいくことができるように工夫されている。今回の『資本論』が「新訳」でなく「新版」となっていることの最大の意味はそこにあると思います。エンゲルスはほんとうに苦労して『資本論』を残してくれたわけですが、それをマルクス自身の到達に一層近づけて読むことを可能にした点が新版の魅力であり、それによって新しい研究の課題を見いだすことができるようになっているところも新たな読みごたえをつくるものとなっています。

□「恐慌の運動論」は現代資本主義分析の礎となる

関野　山口さんの報告にあった「(新版『資本論』の) その解明は、現代社会の諸問題を真剣に考えようとする人々の思いにも、響きあう内容」という結論に強く共感します。新版『資本論』の編集方針における最大の理論的前進は、石川先生もご指摘のように、第七分冊末尾に収録された第二部第一草稿における恐慌の運動論、「流通過程の短縮」いわゆる「マルクスのバブルの論理」ですね。経済の再生産過程の規模が、商業信用、商人の借入、商人が商業手形を発行して産業資本家から商品を先取り的に一括購入すること、さらに銀行信用、銀行資本が産業資本家の手に渡った商業手形を買い取る形で現金を貸し出すことにより膨張します。経済の再生産過程を牽引《けんいん》する需要が、最終消費者の現金による「現実の需要」から独立し、「商人が借入可能な範囲」＝「銀行が貸出可能な範囲」の限界まで「架空の需要」となってバブル的に膨張し、やがて商業手形の不渡り、銀行の貸し過ぎ、貸し倒れにより恐慌に至るという論理です。

この「現実の需要から独立した」「架空の需要の膨張」という論理は、コロナ禍の日本経済を分析する上で本質的な分析視角になる論理です。コロナ禍に至る八年間のアベノミクス「量的金融緩和政策」は異常な低金利を通じて政府債務を二五〇兆円、企業債務を六四〇兆円、家計債務を五〇兆円増やすことで「架空の需要」を生み出してきました（日本銀行「資金循環統計」）。他方でアベノミクス「成長戦略」は、労働規制緩和、社会保障の削減、消費税増税を通じ八年間で実質賃金を五・七ポイント、実質家計消費支出を一一ポイント引き下げ、「現実の需要」を抑制していきました（厚労省「毎月勤労統計調査」、総務省「家計調査」）。「恐慌の運動論」は現代の金融危機と長期停滞を分析する上で礎になり得る理論だと思います。

□監修者の訳注で研究のプロセスがリアルに

萩原　いままでの『資本論』とちがって、今回の新版によってどういう点がよくわかったかというと、いままで私たちは第一部があって、第二部、第三部というように積み上げて成り立っているというふうに理解しながら読んでいたと思います。ところが、実はそうではないということが明確にされた。つまり、マルクスは、第三部の草稿を一八六五年末までに執筆していて、一八六六年、六七年にあらためてマルクスは第一部の仕上げにとりかかりましたから、第一部の方が新しい資料にもとづいて展開されています。たとえば第三篇第八章「労働日」や第四篇第一三章「機械と大工業」のところでは、六六年の資料などを使いながら議論を進めています。そういう点から、読みすすめていきますと、第三部、とくに第一篇から三篇の箇所は、ある意味でいいますと、「古いマルクス」が出てきます。恐慌の把握にしても、第三篇「利潤率の傾向的低下の法則」の最後の「補遺」のエンゲルスが編集したところでは、資本主義社会は巨大な生産力を発展させ、富は膨大に増大するけれど、ますます狭くなっていくその基盤と矛盾した恐慌が起こるというとらえ方がなされています。

ところが、第四篇の商人資本論になりますと、そこから恐慌のとらえ方が、がらりと変わります。関野さんがおっしゃったように、マルクスは、商人資本が介在して信用制度がでてきて、バブルが引き起こされて経済恐慌がくるという展開で書いています。第一部で、マルクスは私たちに社会変革への指針を与えています。第二部になると、資本の流通過程が論じられますが、再生産表式論が未完成のままです。資本の総過程を論じる第三部では、三篇まで恐慌を「利潤率の傾向的低下」論でとらえていて、そのあとに商人、信用という形で議論がすすんでいきます。なぜ一部、二部、三部で違ったマルクスがでてくるのかが、いままでは理解しにくかったわけです。

新版『資本論』は監修者のていねいな「注」がついていて、マルクスはこういう書き方をしており、なぜこのようなとらえ方をしているのかということがわかるように編集されています。ですから、第三部でも、いままでの分冊とちがって一篇から三篇までを第八分冊の一冊にまとめられています。そういうふうに工夫されて編集が行われていますから、マルクスが古い考えの下に書いたものと、その後の新しいマルクスが書いたものとがわかりやすくなっています。たとえば、信用制度論の草稿は、一八六五年の後半までに書き上げているので、ものすごく急いで書いているわけですね。自分の本文だろうが、注だろうが、結構入り混じっていて、読む方はものすごく苦労するところです。なんで苦労せざるをえなかったのかということが、今度は監修者の注として説明してくれているわけです。

そういう点でいうと、山口さんが最初におっしゃったように、『資本論』を書くマルクスの苦闘がリアルにわかる。結局、マルクスは『資本論』を完成稿として全部仕上げることができずに、エンゲルスが、マルクスが書きためたものを編集しました。未来社会論の最後のところなどはそうですが、なかなか読みにくいところが出てきたりします。それを今回の新版では、『資本論』の草稿が全部読めるようになったことから、全体を読み込んで、その観点から監修者がきちんとマルクスの生きざまといいますか、研究のプロセスのなかでこういう書き方を行ったということを示されているので、リアルなマルクス、エンゲルスの姿を私たちに示してくれたことが大きいのではないかと思います。

□改訂作業はどのようにすすめられたか

石川　先ほど山口さんから、二〇〇四年に日本共産党の綱領改定があって、それをきっかけに二〇〇五年から新版のための作業を始めたというお話がありました。そうするとおよそ一五年がかりの大仕事だったわけですが、その作業の具体的な内容、進め方はどういうものだったのでしょう。

山口　二〇〇四年の綱領改定では、「すべての人間の自由で全面的な発展」というマルクスの未来社会論の核心部分を重視しました。それから現代世界における資本主義の矛盾の表れをどう分析するかという探究もありました。それまでの『資本論』では、未来社会論の本論は読み取りにくく、みなさんから指摘のあった、第一部と第三部での、いわゆる資本主義の没落論の違いをどうとらえるのかという問題についても検討しておきたい問題がありました。一方で、『資本論』とその準備草稿を収録した新メガ第Ⅱ部の刊行もすすんでおり——その完結は二〇一二年でしたから、走りながらの追跡でした——、それらの条件と研究の発展を生かした『資本論』の改訂が求められました。

訳語、訳文から、どういう改訂が必要かを検討することが出発点でしたが、エンゲルスの編集上の問題についても、立ち入って考えざるをえなくなりました。『資本論』自体を歴史的に読むという作業を、私たち自身がやらないと内容が十分には読み取れないのです。五年ほどかけて、『一八五七～五八年草稿』、『一八六一～六三年草稿』を読むことになりました。

公開されたマルクスの草稿での発見

第二部のなかにも、新しい恐慌論に論究した展開が出てきます（⑤一二四～一二五ページ）。これは第五草稿から編集した部分ですが、その草稿が、二〇〇八年、新メガ第Ⅱ部門第一一巻で公開され、この箇所に第一草稿の論述が登場する経過もわかりました。『共産党宣言』の原稿やマルクスの書き込みのある『資本論』などが、いまユネスコの世界文化遺産になっています。文化遺産になりますとその公開が原則です。アムステルダムの社会史国際研究所が所蔵するマルクスの草稿の多くは、インターネット上でも公開されています。これはマルクスの草稿の写しですが（次ページの写真）、これを見ると、第一草稿での展開が登場する部分は、もともと「脚注」であったことがわかります。マルクスは第五草稿を書いている途上で、それまで書いた第一から第四草稿を読み返して、利用できる箇所を書きだします（このノートには、マルクスによって「一八七七年三月末起筆」と書かれている）。マルクスは、これを利用して、「恐慌の考察にさいして重要な一点」という箇所に第一草稿などを使った「脚注」を書き込んでいたのです。その経過がわかってくると、エンゲルスの編集上の問題点も、はっきりしてきます。

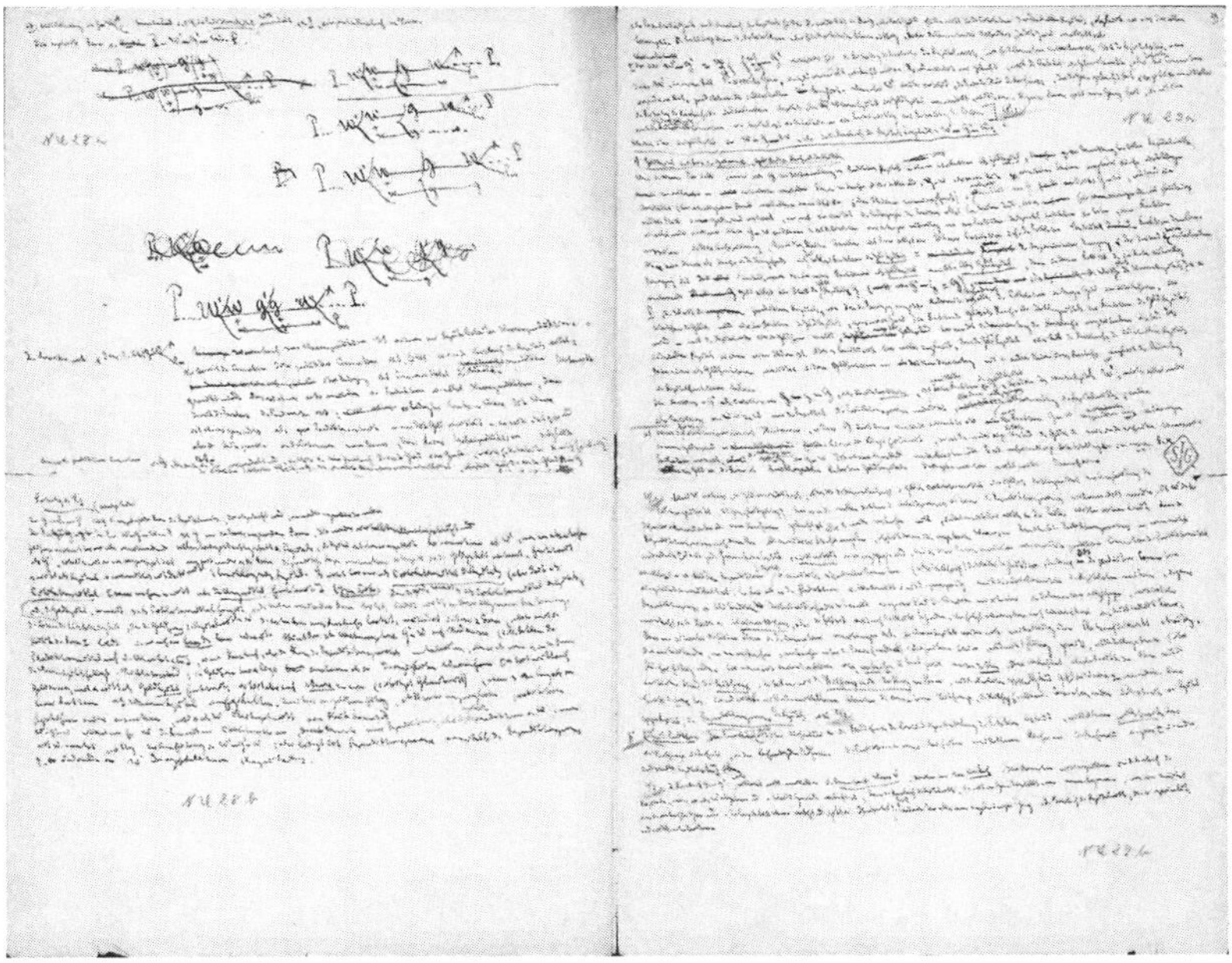
マルクスの第５草稿（社会史国際研究所のホームページから）。第１草稿の叙述が「脚注」として登場している

こうした検討を積み重ね、二〇一三年ごろに、全三部をほぼ読み終えたのですが、それからが大変でした。あらたな認識を、監修者、訳者の「注」にするにはどうしたらよいのか、訳語の統一、訳文の調整など、苦闘の連続でした。こうして二〇一八年の夏までに改訂原案ができあがりました。その後、新版の刊行計画について、新書版での協力を得たみなさんに報告し、二〇一九年七月に計画を発表、同年九月から刊行をはじめ、二〇二一年七月、刊行を終えたわけです。

マルクスを歴史的に読む作業をつづけてたどり着いた、というのが実感ですね。

□エンゲルスの編集の苦労と業績

石川　なるほど。たいへんな作業だった

と想像はするものの、そのたいへんさの内容がなかなか聞こえてこないので、あえて聞かせていただきました。私もずいぶん前に『一八五七～五八年草稿』を集団で読んだことがあるのですが、『資本論』第一部のようによく整理されたものではないので、なぜここにこういう論点が展開されているのか、どうしてここからこんなテーマに話が転換するのかなど、脈絡を追えないところがとても多く、研究会のたびに〝意味不明〟の箇所が増えていくという体験をしたことがあります。『五七～五八年草稿』は、『資本論』を直接準備する草稿ではありませんが、とはいえマルクスの草稿を書きながら探究と模索を進めるという手法は最後までつづくわけで、そうした読み取りづらい大量の文章を読みこんで、最終的に新版という形にまで仕上げきった仕事はすばらしいものだと思います。

エンゲルスの編集にもマルクスの理論の正確な理解を後世の人に託すという側面がありましたが、新版はそうしてエンゲルスが差し出したバトンを自ら進んで受け取り、それをさらに後世の人たち――もちろん同時代に生きるわれわれも含めてですが――に託すといえるところまで見事に前進させました。五人の監修者の一人である不破哲三さんは、二〇一九年九月の刊行記念の講演会で、新版の事業は、「マルクス、エンゲルスの事業の継承者としての責任であり、義務である」と話されましたが、新版という形にこれをまとめきったのは本当にたいしたものだと思います。あらためて感謝します。お疲れさまでした。

山口　ありがとうございます。マルクスとエンゲルスの苦労が並大抵のものでなかったことも、骨身にしみて感じています。石川さんから〝後世の人たちに託す〟という話がありました。エンゲルスは、マルクスの草稿の切り貼りをせず、読みにくい字を清書して、編集原稿をつくります。マルクスの草稿を遺したということ自体、後世の人が再検証できるように意識していたのだろうと思います。エンゲルスの晩年の手紙には、草稿の状態をあちこちに報告したものがあります。私は、これも、彼の歴史的業績ではないかと感じます。

2　第一部を読む

資本主義の発展と未来社会への移行の理論、とりわけ労働者階級の発達を重視して

石川康宏

最大のポイントは資本主義の没落、未来への移行論

新版の到達点との関わりであらためて第一部のポイントについて述べてみます。第一部はマルクス自身が書き上げましたから、エンゲルスによる編集上の問題はありません。しかし、第二部・第三部についてのマルクスの真意に対する理解が進んだことで、『資本論』全三部にしめる第一部の位置づけがより鮮明なものになっています。

すでに繰り返されていますが、第三部の「利潤率の傾向的低下」論に結びつけられた「恐慌＝革命」論を

乗り超えた上での資本主義の没落論、あるいは資本主義から社会主義への移行の必然論が第一部の中には独立した形で存在しているということです。これを読み取ることが第一部を読むうえで最も大切なことになっています。

「肯定の中に否定が」「肯定の中に没落が」という言葉がよく聞かれますが、マルクスがそうした弁証法の意義を強調したのはほかならぬ『資本論』第一部の「あと書き」（第二版）でのことでした。第一部の中で、マルクスは資本主義の枠内にあって避けることのできない「自然な発展諸段階」（①一四ページ）も通過しながら、資本主義を超えていく未来への社会発展の展望を語っています。

古い封建制の社会から生まれ出て、産業革命をへて自分の足で立つようになった資本主義は、剰余価値の生産と取得を追求する個別資本の運動を原動力として急速な発展を遂げますが、そのような発展――資本主義の肯定的な発展が、じつは資本主義を覆すにいたる物質的な諸条件の形成つまりは資本主義の否定的な発展にもなっている。そこを抉《えぐ》りだした分析の深みをとらえることが第一部を読む上での最大のポイントだろうと思います。

変革の主体的な条件の形成に格別の重点

変革への物質的条件というと、これをもっぱら変革の客観的条件として読む傾向がありました。しかし、マルクスは、そこに変革に向けた取り組みに成功する能力や未来の経済や社会を実際に運営しうる能力など、労働者階級の発達つまりは主体的条件の形成を含めています。先ほど山口さんが第二四章七節から「資本主義的生産過程そのものの機構によって訓練され結合され（団結し――引用者）組織される労働者階級」の発達（④一三三一ページ）という言葉を紹介されましたが、その発達の内容にはこれら二つの能力が含まれるでしょう。

だからマルクスは客観的条件と主体的条件の形成の相互関係についても述べています。「工場立法の一般化は、生産過程の物質的諸条件および社会的結合とともに、生産過程の資本主義的形態の諸矛盾と諸敵対とを、それゆえ同時に、新しい社会の形成要素と古い社会の変革契機とを成熟させる」（③八七七ページ）。

これは、資本による労働時間の際限のない延長つまりは絶対的剰余価値生産の追求が、標準労働日を定めた工場立法を勝ちとり、広める労働者のたたかいを生み、逆に資本の側に機械制大工業――ここでは「生産過程の物質的諸条件」と表現されている側面ですが――の普及つまり相対的剰余価値生産の追求を余儀なくさせていったというその歴史的な過程を総括した文章です。

マルクスは、このような労働者のたたかいの発展が個々の職人の下に分散されていた生産手段を共同的にしか使用できない社会的な生産手段に転化させる一因となり――これは「新しい社会の形成要素」の客観的条件になるわけですが、同時に大量の労働者を工場の中に結合させることでその生産手段を集団で運用する能力――こちらは「新しい社会の形成要素」の主体的条件の側面ですね――これを発展させていく。さらに工場立法が労資の階級対立をより鮮明にさせることで資本主義を乗り越えようとする労働者の力――これが「古い社会の変革契機」となるわけですが、これを発達させるととらえました。機械制大工業――マルクスはこれを「独自の資本主義的生産様式」とも呼ぶわけですが――の出現による剰余価値生産の拡大が、同時に資本主義を乗り超える条件を客観的にも主体的にも多面的に形成していくというわけです。

これは資本主義の改革と変革の関連についての重要な分析でもあって、苦難を乗り越える現在の私たちのたたかいが、そう意図しようとしまいと未来社会への変革の着実な準備にもなっている。このように資本主義の段階的な変革と未来社会への変革は客観的には地続きだということを理解する上でも、右の文章はとても大切なところです。

未来社会を切り開く労働者階級の発達

第一部には、未来社会の内容を「共同的生産手段で労働し自分たちの多くの個人的労働力を自覚的に一つの社会的労働力として支出する自由な人々の連合体」(①一四〇ページ)と完結にまとめた文章があり、そこにいたる変革の核心は「事実上すでに社会的生産経営にもとづいている(生産手段の――引用者)資本主義的所有の社会的所有への転化」(④一三三三ページ)だとされています。それによる労働時間の短縮が人間社会にどのような新しい可能性を切り開くかについては、第三部のところで議論されるかと思いますが、第一部ではまず社会全体の大きな変革の土台となる経済や労働の分野での変革が論じられています。

以上の議論に関連する訳語の工夫ですが、変革の主体的条件の発達を明確にとらえる上で、新版は「独自の資本主義的生産様式」の訳をこれ一つに統一しています。基本的には機械制大工業を指した言葉ですが、それは労働者への資本の経済的支配を確立する――資本による「労働の実質的包摂」ですね――、それとともに資本による労働者の結合をもたらし、資本主義の変革者であり未来社会の担い手でもある労働者階級の発達を生み出す、すなわち変革の物質的条件を客観的条件と主体的条件の両面から形成していく段階としての意味をもつものです。また資本によって結合された労働者の総体である「全体労働者」についても訳語が統一され、それによって「協業」「マニュファクチュア」「機械制大工業」を通じ、未来社会の担い手として、労働者の能力がどのように発達していくかがより明快にとらえられるようになりました。これも重要な意義を持つところだと思います。

少し横道にそれますが、私が若いころによく読んだ『マルクス「資本論」の研究』（上・下、新日本出版社、一九八〇年）は、当時、社会科学研究所の所長だった岡本博之氏らが監修したものですが、あらためて読んでみると『資本論』の解説中には変革の主体的な条件の形成、労働者階級の発達にかかわる議論がどこにも登場していません。その不足を補っているのはレーニンの『帝国主義論』の解説で、しかもその解釈は「資本主義の全般的危機」論に引き寄せられたものとなっています。もちろん当時も『資本論』の研究は真剣に行われていたわけですが、こうして比較してみるとマルクスその人の理論に対する理解は、この間に非常に大きく進展していることがわかります。

フランス語版での理論の発展を重視して

第一部については、初版から第四版までが出ており、第三版・第四版の改訂は、マルクスの指示をもとにエンゲルスが行いました。これに関連して、山口さんは、新版の底本は第四版としたが、第四版にいたる改訂がどのように行われたかについても重視したといろいろな場面で語られています。

中でも重要なのは、マルクスが独自の価値をもつと評価したフランス語版の到達をドイツ語版に盛り込んでいくということでした。フランス語版の出版は一八七二年から七五年にかけてのことですから、そこにはドイツ語初版の出版から五年以上をかけて進められたマルクスの新しい研究成果が込められています。ドイツ語第二版（一八七二―七三年）の刊行はフランス語版の出版が終わる前のことでしたから、内容がドイツ語版に反映されていくのは、第三版（一八八三年）以後のこととなりました。

エンゲルスも第三版に寄せた「第三版へ」の文章で、マルクスの「遺品」から「フランス語版への参照が指示されているドイツ語版」や「利用すべき個所に彼が正確にしるしをつけたフランス語版」を活用したと説明し（①四〇ページ）、また第四版（一八九〇年）の改訂でもフランス語版からの「若干の追補」を行ったとしています（①五二ページ）。

この点で感心させられるのは、新版がフランス語版にもとづく改訂の箇所を指摘するだけでなく、エンゲルスがドイツ語版を改訂しなかった箇所についても、フランス語版に異なる文章や追加的な文章があればそれを訳注に、時には短くない文章全体も訳出しながら紹介しているということです。それによって新版は、マルクスが第一部の内容を初版の出版以後、どのような方向に向けて発展させようとしていたかを検討することのできるものとなっています。ここも新版の大きな意義をなすところだと思います。

人間と自然の「物質代謝」論の現代的意義

最近、温暖化に代表される地球環境危機とのかかわりで、マルクスが将来にわたる生産力の発展や経済成長の可能性をどうみていたかが注目されていますので、関連する第一部の文章をいくつか紹介しておきたいと思います。

まず「労働は……人間が自然とのその物質代謝を彼自身の行為によって媒介し、規制し、管理する一過程である」（②三一〇ページ）という人間の労働一般に関わるもっとも基礎的な分析があります。

次に「資本主義的生産は……人間と大地（Erde――引用者）とのあいだの物質代謝を……攪乱する」、「同時に、あの物質代謝の単に自然発生的に生じた諸状態を破壊することを通じて、その物質代謝を、社会的生産の規制的法則として、また十分な人間の発達に適合した形態において、体系的に再建することを強制する」（③八八〇〜八八一ページ）とも書いています。ここで分析されているのは労働一般や生産一般ではなく、歴史の一段階としての「資本主義的生産」についてです。それは一方で物質代謝を撹乱するものであり、他方で、それを通じて物質代謝を未来の社会で「体系的に再建」させる強制力にもなると述べています。資本主義は客観的にそういう歴史的役割を果たすだろうということです。

そして最後は第三部の文章になってしまいますが、マルクスは未来社会での「自由の国」と「必然性の国」の相互関係について述べながら、その段階での「諸欲求」や「生産諸力」の拡大にふれた上で、「必然性の国」すなわち物質的生産の領域における自由は「（自分たちと――引用者）自然との物質代謝を合理的に規制し、自分たちの共同の管理のもとにおくこと、すなわち、最小の力の支出で、みずからの人間的自然にもっともふさわしい、もっとも適合した諸条件のもとでこの物質代謝を行なうこと、この点にだけありうる」（⑫一四六〇ページ）と述べています。

社会の生産を共同で管理し、担う未来社会の人々は、物質代謝を自分たちにとって「合理的に規制」することで、それを体系的に再建していくというのです。マルクスは亡くなる二年前の一八八一年まで『資本論』の草稿を書き続けましたが、この基本的な見解を転換させる記述はどこにも残していません。

マルクスの見解とのかかわりで注目すべきは、地球温暖化問題を前に、すでに現代の社会が開始している「合理的な規制」の取り組みです。図Ⅱ－1は、駐日デンマーク大使館が紹介していたものですが、一九七五年から二〇一五年までの四〇年間に、デンマークの社会はエネルギーの消費量を横ばいにとどめ、CO_2

図Ⅱ-1　デンマークのGDP、エネルギー使用、CO_2排出量の推移

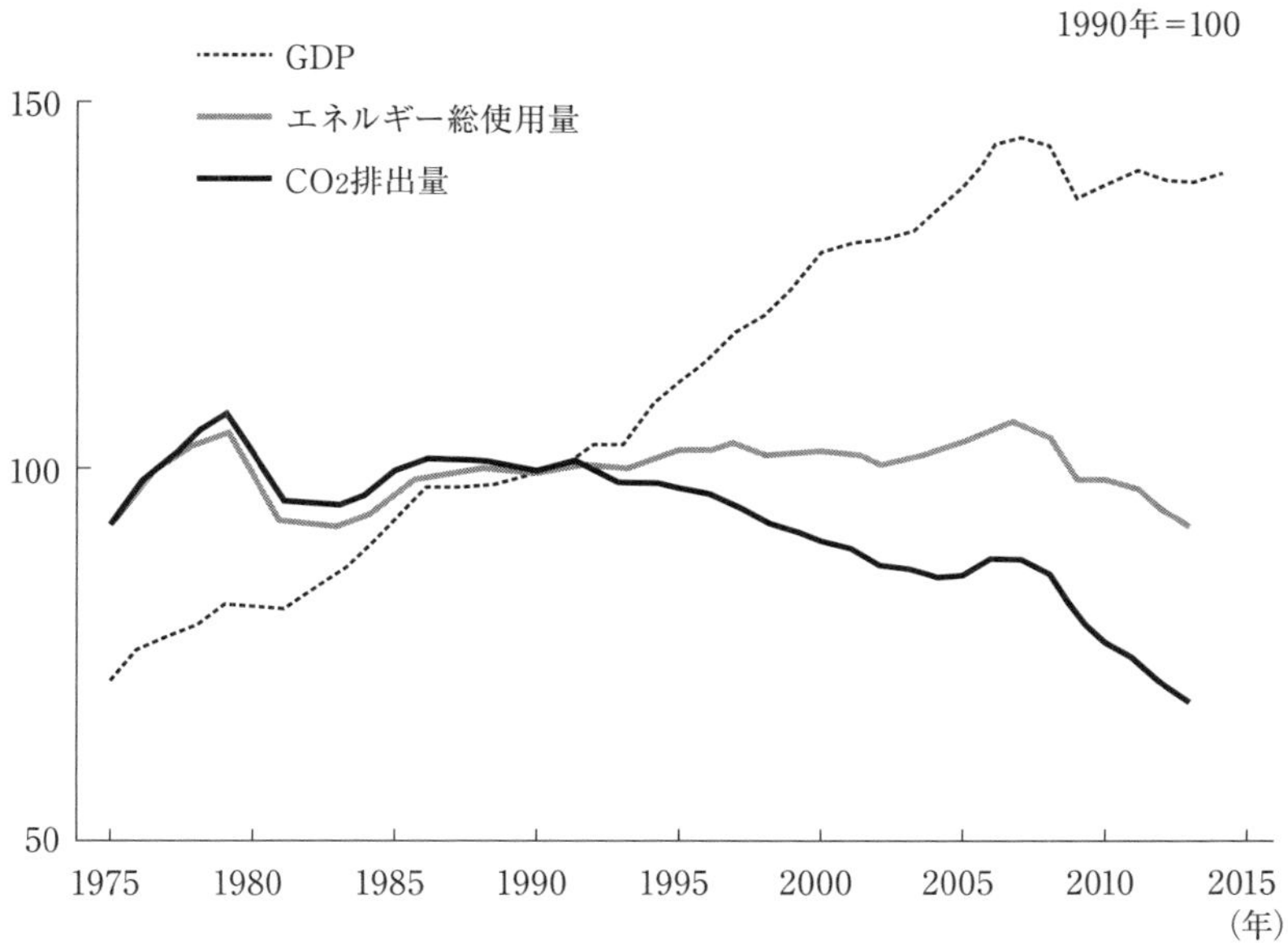

(出所)駐日デンマーク大使館によるツイート(2018年10月30日)から

の排出量を削減し、それにもかかわらずGDPを大きく伸ばしていることが示されています。物質代謝を再建する努力は資本主義の枠内で成果をあげ始め、しかもその到達は、生産力の拡大と温暖化阻止の努力を両立させるものとなっているのです。個々の資本に火力発電から再生可能エネルギーへの転換を強制するなどの取り組みは、結果的にあらゆる生産を人々の「共同の管理のもとにおく」未来社会をより手前に引き寄せる意味ももってくるでしょう。

生産力や経済成長というとその量的な変動ばかりに目が向きがちですが、価値や資本が量と質の両面からとらえられるのと同じように、生産力などの概念についても量と質の両面からとらえる必要があります。実際、同じ量の電力を手に入れる方法として、私たちは石炭火力や原子力ではなく再生可能エネルギーの活用に生産技術を転換しようとしているわけで、それはわれわれの人間的自然にふさわしい方向に生産力の質を発展させるものといえるでしょう。

関連して、最近読んだ専門家の議論としては、和田武さん、小堀洋美さんの『地球環境保全論』（創元社、二〇二一年）が、地球環境危機の克服をエネルギーの生産消費と物的な生産消費の両面から論じ、「持続可能な社会」を「生産の民主的なコントロール」によって実現することを呼びかけており大変に勉強になりました。

マルクス以後の資本主義社会の発展

最後に、マルクス以後の資本主義社会の発展について、思いつく大きなテーマだけをあげておきます。経済活動の領域についていえば、資本の巨大化と運動のグローバル化、様々な地球環境危機に表れている物質代謝の撹乱の深刻化、マネーゲームのとてつもない拡大とそれによる恐慌の形態の変化――これは第二部・第三部のところで話題になるかと思いますが――、こうした様々な変化を『資本論』の到達点を土台に、今日どのようにとらえるかを考えねばなりません。

政治や社会の問題については、マルクスがそのためにたたかった主権在民が基本的に獲得され、資本主義が議会制民主主義のもとにおかれているということ、そうした変化とも相まって生存権はじめ社会権が各国の基本的人権の当たり前の内容となり、資本主義の一定の「福祉国家」化が進展してきたこと、労働時間もたとえばフランスでは一九〇〇年の週七〇時間から二〇〇〇年の週三五時間へと半減してきました。各国間の関係についていえば世界的な植民地体制が崩壊したこと、国連やＩＬＯ（国際労働機関）をはじめ多くの国際機関がつくられ、その民主的運営が進展しているといったことなどがあります。

そうした変化を遂げながら、しかし、資本主義は依然として資本主義でありつづけています。ジェンダー平等、労働時間の抜本的な短縮、物質代謝の再建などの達成を、マルクスは未来社会の課題として展望していましたが、現実の資本主義はそこに向けた改革を資本主義の枠内ですでに開始させ、一定の成果をあげているわけです。私はそれをマルクスが予見しきれなかった資本主義の「懐の深さ」ととりあえず呼んでいますが、これらが資本主義の経済や社会についての新しいどのような根本的究明を必要としているのかは、現代の改革論を深めるためにもしっかり考えなければならない問題だと思っています。

討論

□マルクスの認識が進化・発展した第一部の重要さ

萩原　たいへん興味深い報告だったと思います。私が思いましたのは、マルクスの『資本論』はやはり第一部が大事だということです。マルクスが、一八六四年のインタナショナル（国際労働者協会）の創設に積極的に参加し、労働者階級が社会の変革をすすめるということに確信をもって、六五年までに書いていた草稿の「労働日」などのところを六六、六七年に書き加えて、当時の労働者階級のたたかいが新しく描かれています。マルクスは、時代の展開とともに進化しますから、第一部の「労働日」「機械と大工業」、そして第二四章「いわゆる本源的蓄積」での「否定の否定」の叙述では、労働者階級の力と運動の重要性をとらえて展開するようになっています。そういう点でいうと、私が報告を担当する第三部も重要なのですが未完のままでしたから、マルクスの認識が進化し発展した第一部の意義が大きいのではないかと思います。

□画期的な三つの「革命の主体的条件の成熟」

関野　石川さんの報告はたいへん的確にまとめていらっしゃって勉強になりました。そのうえで補足的なことになるのですが、今回の新版、とくに第一部で画期的なのは、指摘されたとおり、「革命の主体的条件の成熟」論です。これまでの「恐慌＝革命」論を乗り越えた先に、マルクスが何をもって社会変革は必然だとしたのか――なぜ、人間の営み、政治活動というものによって法則として変わるのか、変わると言い切れるのかというところで、マルクスは三つの「革命の主体的条件の成熟」ということを考えていました。

一つ目は、日常の労働組合運動であるとか政治活動をつうじて、労働者が自分自身の身を守るための「社会的バリケード」を構築し鍛えられる（②五三二ページ）、二つ目が、労働者階級が機械制大工業の協業のなかで結合して、そのなかで結合した労働者が未来社会の主体として成長していくという論理です。ここで私が非常に印象的なのは「協業」のなかででてきた、「オーケストラの指揮者」という部分です（③五八四ページ）。結合して作業する以上、必ず指揮者が必要だけれども、それは支配者である必要はないし、ましてや搾取者である必要はまったくない。それはまさに自由な人格の自由な連合体であるのだけれども、そのなかで優れた資質を持って、みんなに選ばれた方が、みんなの信頼を得てオーケストラの指揮者として能力を発揮する、これが未来社会のあり方なんだと。これは素晴らしい理論であるし再発見されたことは非常に大きいと考えています。

三つめは、先ほどから話題になっている、第一部第七篇第二四章第七節「資本主義的蓄積の歴史的傾向」

の最後のところにある日常闘争で訓練されて結合して組織化され、反抗して、未来社会の担い手になっていく、新しい社会を生み出す階級闘争を担っていく主体として成熟していく理論です（④一三三一ページ）。この三つが明確にわかる編集になったというところが一番の見どころかなと思っています。

□インタナショナルの影響、重視したフランス語版での改訂

山口　石川さんの報告に触発されて、何点か感じたことがあります。

一つは、マルクス自身による改訂を重視した点にかかわってです。主体的条件の形成の問題でも、彼が新しい認識に達した契機のなかに、萩原さんが言われたように、一八六四年の国際労働者協会（インタナショナル）に参加した実践とのかかわりがあったのだろうと思います。インタナショナルが『資本論』に出てくるのは第一部第八章が唯一の箇所です（②五三〇ページ）。そこで、マルクスは自ら書いた労働日の制限の決議を引用しながら、労働者階級のたたかいを激励するのですが、そのマルクスが第二版以降、何を改訂したのかは、大事な点だと思います。

第二版の場合は、出版者のマイスナーに追い立てられて、数カ月で改訂版をつくります。第一章の価値形態論の直しに集中せざるをえなくて悔しい思いをしたマルクスは、フランス語版での改訂をたいへん重視しました。フランス語版の冒頭にはマルクスの肖像画と手紙が置かれ、そこに「学問にとって平坦な大道はありません。そして、学問の険しい小道をよじ登る労苦を恐れない人々だけが、その輝く頂上にたどりつく幸運にめぐまれるのです」（①三六ページ）という有名な言葉があります。日付は、パリ・コミューンへの事業

がはじまったちょうど一年後の一八七二年三月一八日。編集者のラシャートルに送った最初の手紙は届かず、送りなおしたそうですから、書き上げた日付ではないかもしれません。この日付や先の言葉には、パリ・コミューンで弾圧された人々と運動にたいして、新しい『資本論』を届けたいという気持ちが出ているように感じます。

フランス語版での改訂については、林直道さんの研究に学びました（『フランス語版資本論の研究』大月書店、一九七五年）。第二三章の蓄積論にかなり集中していますが、この改訂で、どのような展開をはかろうとしたのか、また「原本とはまったく別な一つの科学的価値をもつ」とした点について、ひきつづき研究したい課題だと思います。

□第一部の展開に第三部の議論がなぜ出てくるのか

山口　もう一つ、マルクスは、第一部の手直しをしますが、その間も、実際に執筆していたのは第二部の草稿です。結局、第三部には戻れずに、第二部の仕上げに時間をかけるわけですが、全三部のどこで何を展開するのかを、よく考えていたと思います。第一部の展開の中に、第三部の草稿で論じていた内容も、自然に出てきます。未来社会論にかかわっては、第一五章の最後のところに労働時間の短縮の問題がでてきます。そのなかで、内容的には「自由の国」と「必然性の国」の対比をしながら未来社会での労働を論じたくだりもあります（③九二〇～九二二ページ）。

「労働の社会的生産諸力」と「資本の生産諸力」

三つ目は、石川さんが指摘された「生産力の質」の問題です。マルクスは、『資本論』のなかで、生産力について、資本の支配する社会では、「労働の社会的生産諸力」が「資本の生産諸力」となって現われると指摘しています（③八九八ページ）。その結果、石川さんが指摘されたように、現在でいえば環境問題もそうですし、搾取の強化による労働苦、生活苦の増大、失業者の増大などなど、さまざまな軋轢《あつれき》、問題が生まれてきます。マルクスは、そこのところを変えなければならないと考えます。そのためには、資本・賃労働関係そのものの変革、新しい社会的な生産に前進することが必要になります。石川さんの、「生産力の質」の問題についても考える必要があるという提起は、マルクスのそういうとらえ方とも重なってくるのではないかと思います。

□「生産様式」の訳語、「古代社会ノート」をめぐって

石川　第一部の限りで少し質問もさせていただきたいのですが、一つは、マルクスが書き分けていない「生産様式」を「生産様式」と「生産様式〔方法〕」と二つに訳し分けている点についてです（③五五八ページ）。概念の理解について様々な意見があることはわかるのですが、それだけに、またマルクス本人は同じ言葉を使っているわけですから、私は訳書としては「生産様式」という言葉で統一した方がよかったのではないかと思います。もう一つは、マルクスの家族論についてエンゲルスが補足した「注」につけられた「訳注」に、「ここでエンゲルスがマルクスの徹底的な研究というのは……『古代社会ノート』のこと」とある

のですが（③六二一ページの＊）、エンゲルスによるノートの発見は、この「注」を書いた後のことではないでしょうか。そこの前後関係にずれがあるのではないかという点です。

山口　監修者としては、「生産様式」という訳語で統一したのですが、新書版で「生産方法」と訳出していた箇所（多くは第一部第四篇）も考慮して、その箇所を「生産様式〔方法〕」としたうえで、ご指摘の訳注をつけました。訳注でも指摘しましたが、マルクスは、『資本論』のなかで、「生産様式 Produktionsweise」を、社会体制にかかわる用語としても、生産方法にかかわる用語としても、かなり自由に使っています。

もう一点、『古代社会ノート』の発見の時期との関係です。第三分冊の六二一ページの訳注です。ご指摘のように『古代社会ノート』の発見は、第三版の刊行後だと推定されています。訳注も、後半部分で、マルクス死後、ノートを発見したと指摘しています。このマルクスの研究ですが、ノートの発見以前から二人の間で話題になっているのですね。エンゲルスの手紙では、例えば一八八二年一二月八日の手紙で、マルクスによるモーガン研究の話が出てきます（『マルクス・エンゲルス全集』第三五巻一〇三ページ）。エンゲルスが第三版で追加した原注で、「人類の原始状態にかんするその後のきわめて徹底的な研究」と述べた内容は、彼自身がマルクスの具体的な研究を念頭に置かなければ書けない内容だと考え、この訳注を設けました。ただ、ご指摘を受けて考えたのですが、二行目から三行目の記述について、「『古代社会ノート』にまとめられた研究のこと」ならば、より明確に内容を示せたかもしれませんね。

石川　なるほど、ありがとうございます。別の論点ですが、マルクスによる労働者階級の発達の研究にかかわって、そこが十分に見えていなかったことに関する個人的体験を思い出しました。リーマン・ショックの直後、『経済』誌の二〇〇九年一月号で「『資本主義の限界』を考える」というインタビューに応じたのですが、その時に論じ方の筋道をつくるのに苦労して、客観的な「限界」については『一八五七〜五八年草稿』の一節に依拠しながら、しかし、この草稿には「限界」を実現する主体的条件の問題がほとんど出てこないので、そこを『資本論』で補うという理論の接ぎ木をしたのでした。いまにして思えば『五七〜五八年草稿』の段階のマルクスは、まだ「恐慌＝革命」論の立場を抜け出していませんから、私が行った接ぎ木は、そもそもうまく成長しうるものではありませんでした。そのように振り返ってみると、その後十数年のマルクスの発展史に関する研究の進展はきわめて急速だったとあらためて実感します。

□〝オーケストラの指揮者〟に成長するということ

石川　先ほど関野さんがおっしゃった『資本論』における労働者階級の成熟の三つの側面についてですが、『資本論』の読み方としては正しいと思うのですが、現代もその三つの側面でとらえるだけでよいかという点には、少し考えるべき課題があると思っています。労働者があまりに過酷な労働条件から自分の命を守り、自分の家族を守るために抵抗の力を発達させるという側面は、過労死を引き起こす野蛮な労働条件がいまも残されている日本のような社会では依然として意義をもつと思いますが、たとえばドイツで、週三五時間労働を部分的にではあれ週二八時間労働に短縮させているといった取り組みは、余儀なくされたたたかいというよりも、むしろ労働者が攻勢的に、より人間らしい暮らしを追求して資本主義の改革に乗り出しているもののように思うのです。そして、そういうたたかいの積み重ねが、彼らの能力を未来社会への変革や、その社会を担いうるものへと接近させるものになっているのではないかと、この点については『資本論』の内容をより発展的にとらえた方がよいのではないかと思うのです。

関野　一つ付け加えると、オーケストラの指揮者に代表されるような労働者が結合して、新しい生産組織の主役になっていく、自主的な管理の担い手となって成長していくという理論は、非常に重要ではないかと考えています。

なぜかというと、日ごろの仕事や職場での労働組合運動、政治活動などのなかで、まわりの労働者から信頼を得るようになっていくためには、職場において仕事の担い手として、あの人は信頼できる人たちという人間関係、信頼関係を築いていかない限り、オーケストラの指揮者にはなれないだろうと考えるわけです。もう一つは、私たちの反対の側に立つ資本家階級の人たちは、私たち九九パーセントの労働者たちは絶対に指揮者になれない、あなたたちは教養も能力もないのだから、私たち一パーセントのエリートに言われるとおりに働く以外に何もできないし、自分たちは特別であって特別な高い報酬を得る権利があって、あなたたちは労働者でぎりぎりにそれなりにやっていればいいという論理です。この論理がなかなかぬぐえないわけで、私たちにとってはそういう時代ではない、一部のエリートに頼る時代は終わりつつあって、私たちみんなが集団的に新しい社会を職場でも政治の場でも担っていくことができる、こういう論理は社会を変えていくうえで非常に大事ではないかと考えています。

石川　未来社会を担う力が、現瞬間の労働者運動を通じて養われていくという点については、まったく同意見です。私も大学の教職員組合の委員長を何度かやりましたが、その中で考えさせられたことの一つがこの問題でした。労働組合というと経営者の横暴に「抵抗する組織」といった理解が多いですが、じつはそれを超えてあるべき大学、あるべき経営について、経営者以上に合理的で説得力のある提案ができる組織にならなければならない。そうでなければ、なかなか思うような労働条件の改善や学生・院生の学習・研究条件の充実を実現させることができません。そのように職場を一歩ずつよりましなものに改善していく提案の力、大学の運営を一層民主的なものにし、それを多数の協同のもとに民主的に運営していく力を養っていく日常の取り組みが、じつはマルクスがいうところの未来社会に向けて経営を担う力を養うことにつながっているのだと思います。ろくでもない政治によって大学も疲弊させられ、そこまでの課題に取り組むことのできる現場は多くないかも知れませんが、ここはマルクスの労働者論を現実のたたかいに太く結んで理解できるところかと思っています。

□マルクスが「自由に処分できる時間」にこめたこと

山口　いまの議論とかかわるのですが、未来社会論にかかわって、マルクスには、「自由に処分できる時間」という用語があります。これまで、「自由にしうる」、「自由に処理」など、いろいろな訳があてられてきましたが、新版では、「自由に処分できる時間」という一つの用語として訳出しています。マルクスは、一八五〇年代初頭に、匿名のパンフレットでしたけれども、イギリスのチャールズ・ウェントワス・ディルク（一七八九～一八六四年）の『国民的苦難の根源と救済策』を読み、人間の「真の豊かさ」にとって自由な時間の獲得がいかに大事かということを学び、未来社会論としても、重視するようになります。その後、この用語を英語やドイツ語で使い始め、『資本論』でも「自由に処分できる時間」という用語で登場します。最初に登場するのが、第一部第八章の「労働日」です（②四〇一ページ）。

そこで、マルクスは、「自由に処分できる時間」の中身として、「人間的教養のための、精神的発達のための、社会的役割を遂行するための、社会的交流のための、肉体的・精神的生命力の自由な活動のための時間」を挙げています（②四六二ページ）。これも、議論されてきた「未来社会を担う力」にかかわる、マルクスの大事な発言の一つだと思います。

3　第二部、第三部を読む

第二部　マルクスの「バブルの論理」＝「流通過程の短縮」、恐慌の運動論の意義

関野秀明

第二部のポイントとして、いわゆる「流通過程の短縮」論の意義について手短に述べたいと思います。

私は、新版『資本論』の理論的な前進の一番大きいものは、先ほどから話題にされている「バブルの論理」＝「流通過程の短縮」論、いわゆる恐慌の運動論と呼ばれるものだと思っています。マルクスの「バブルの論理」＝「流通過程の短縮」と呼ばれる論理のあらましについて、せっかくの機会ですので、ごく手短に説明したいと思います。

この「流通過程の短縮」論は、経済というものが、商業信用＝商人の借り入れ、商人が商業手形を発行し

図Ⅱ-2　マルクス『資本論』におけるバブルの論理①

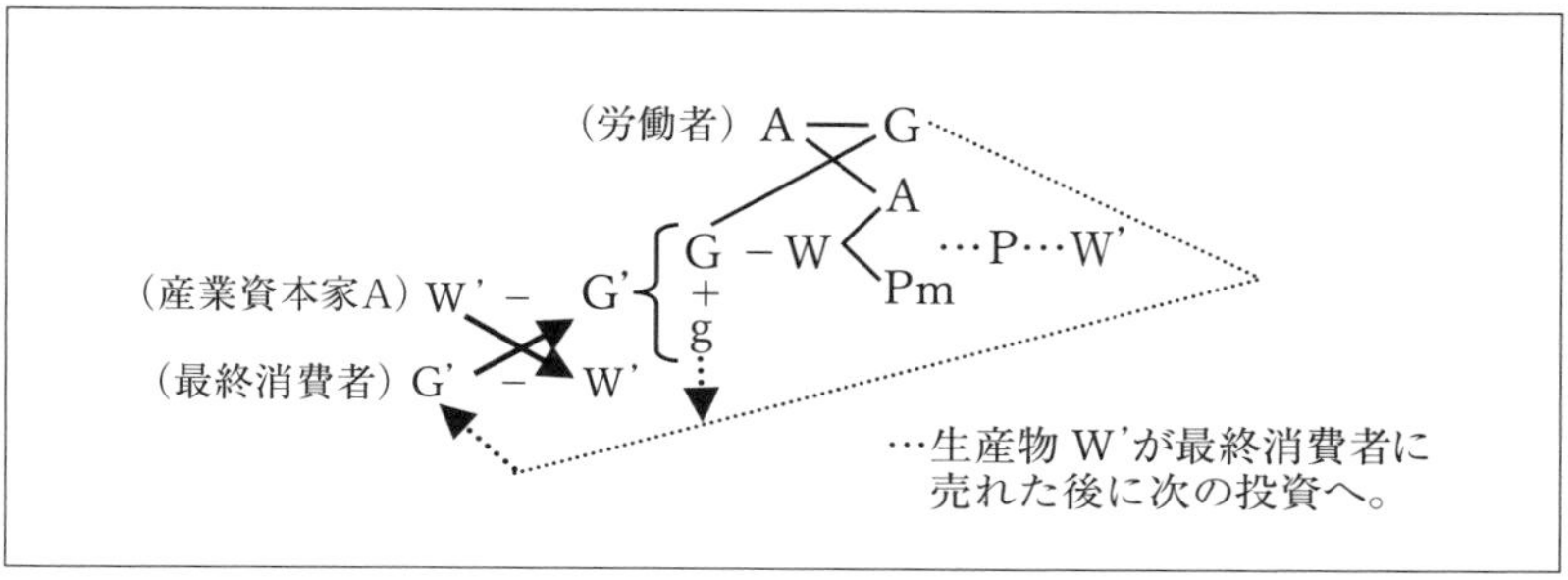

て産業資本から商品を買うというものと、銀行信用＝銀行資本が商業手形の買い入れ・割引でお金を貸し出すことによって、最終消費、「現実の需要」から独立して、商人の借入可能な範囲、つまり銀行が貸出可能な範囲の限界まで、「架空の需要」を膨張させて恐慌にいたるというあらすじです。最終消費者が物を買える範囲で行われていた経済が、商業信用と銀行信用、つまり商人が可能な限界まで手形で借り入れ、銀行が可能な限界までお金を貸し出すことで、経済の規模が拡大し加速して膨張するということです。

『資本論』におけるマルクスの「バブルの論理」を理解するために、バブルがおこる前の段階で、そういうものがおこらない取引をマルクスはどう考えてきたかということを図で示しました（図Ⅱ－２）。

バブルがおこる前は、産業資本家が最終商品Wをつくれば、最終消費者が「現実の需要」に応じて貨幣Gで買い入れます。最終消費者が現金で支払うということがあって、初めて、産業資本家は次の生産に移ることができます（図Ⅱ－２）。つまり商品が売れて現金を手にして、その現金があるから初めて次の商品、機械や原材料などの生産手段、労働力（雇用・賃金）を買い入れて、次の生産過程にすすんで新たな商品Wをつくります。ここでは、生産物Wが最終消費者に売れたあとに、次の投資へ移っていく

図Ⅱ-3　マルクス『資本論』におけるバブルの論理②

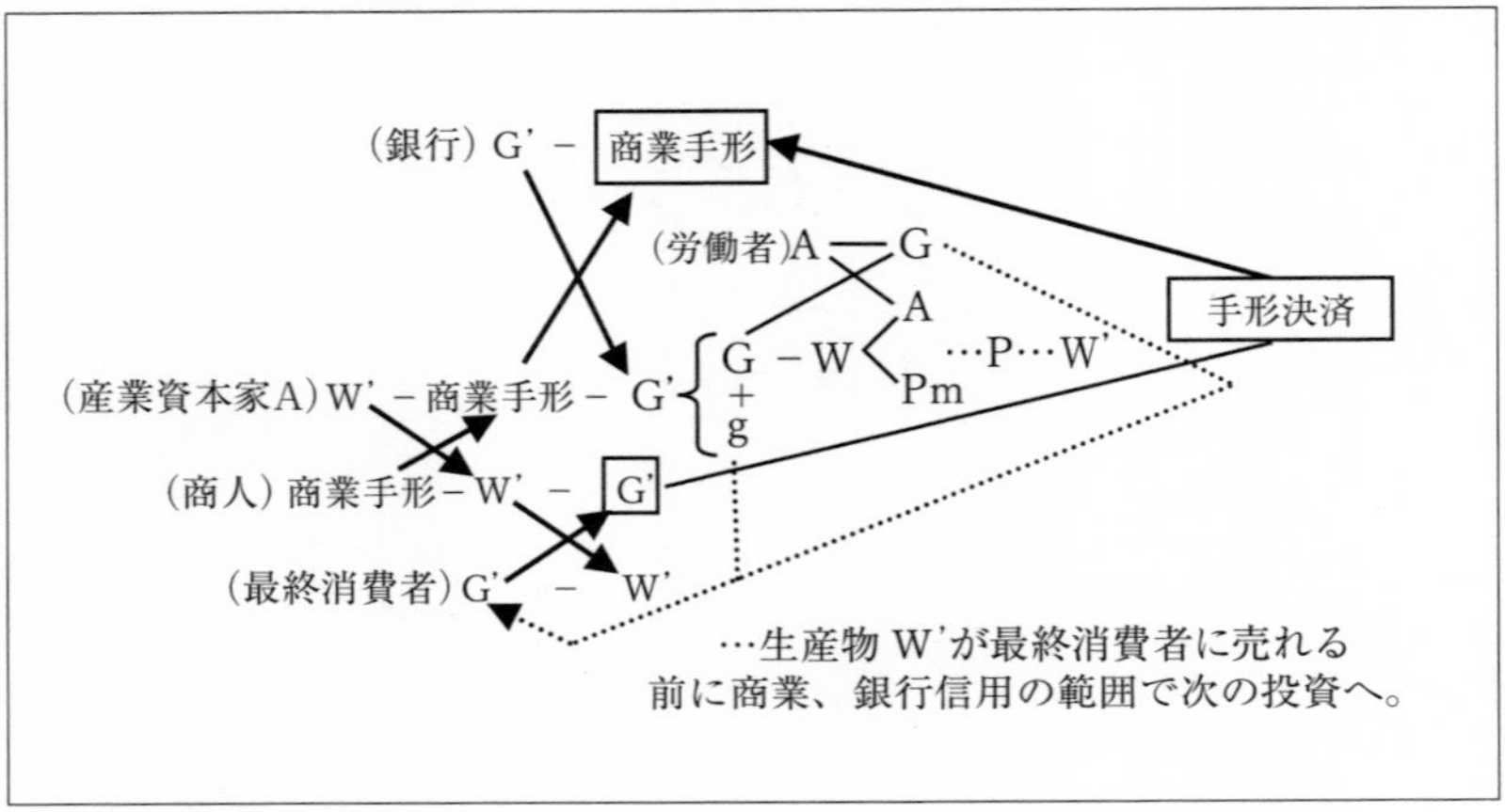

ことになります。これはどこまでも現金取引ですので、バブルは発生しようがないわけです。

これはたしかにバブル、金融危機はおこりませんが、逆にいえば資本の流通過程は非常に遅いので資本蓄積もすすまないということになります。ここでマルクスはさらに分析をすすめて、「バブルの論理」、恐慌の運動論について語っていきます（図Ⅱ－3）。

カギになるのは信用制度の発達によって商人と銀行が介入することだと考えています。産業資本家が商品を生産すれば、先ほどは最終消費者が現金で買ってくれるのを待たなければならなかったのですが、そういうことを待つ必要がなくなります。なぜなら商業資本、商人というものが、現金ではなくて商業手形を振り出すことで、最終消費者に売る前に商品を一括して購入してしまうということになります。産業資本家は商人が現金支払いのかわりに振り出した商業手形を銀行に持っていって、利子分は銀行がとるけれども、現金で買い取ってもらう。産業資本家にとってみれば、商品を販売して現金を手に入れたわけですから商品はすべて売れたということになります。しかし、産業資本家にとっては、商人がほんとうに売ることができて、最終消費者が現金で買っているかどうかは関係がないわけです。そういったことにかかわらず、商業手形が現金化できた時点で、産業資本家は、次の生産手段を買い、労働力を雇い入れ、商品を生産して最終商品をつくり出す。このことは最終消費者の消費を待たずに手形取引と手形割引で流通過程を加速できる、つまり短縮できることになります。これが「流通過程の短縮」論というものです。

この取引では、商人がふりだした商業手形は、銀行が持っているわけですが、これが手形決済できるかどうか、商人がほんとうに商品Wを販売して現金を手に入れて、手形を決済することが後からついてくれば、「架空の需要」ではなく「現実の需要」が追い付いてくるわけですから何の問題もありません。ところが、こういった手形による取引を何度も何度も繰り返していくうちに、売れるだろうという思惑でどんどん商業手形をだして、銀行がその手形を引き取って現金化して、産業資本家が生産を続けるということが累積していく中で、最終消費者には商品はまだ売れていない「架空の需要」にとどまり、「現実の需要」が追いつかず、生産が過剰になっているということになり、商人は自分の振り出した手形を決済することができなくなる。そのために商品をたたき売って現金化してお金を返さないといけないけれども、手形を決済しきれない、支払うことができなくなり倒産して、銀行もつぶれる——こういう金融危機から恐慌に移っていくということが、マルクスが説明した『資本論』第二部第一草稿での「バブルの論理」だと思います（⑦八五八〜八六二ページ）。

「流通過程の短縮」＝恐慌の運動論の三つの意義

最後に、「流通過程の短縮」、つまり恐慌の運動論といわれるものの意義についてです。

第二部第一草稿、さらには生産資本循環論、商人資本論、利子生み資本論のなかにも、この恐慌の運動論はところどころ書かれていますが、そのことが、今度の新版『資本論』の編集によって、明確にわかるようになりました。そのことの意義が三つあると思います。

一つは、過少消費説ではない、「過剰生産恐慌」論というものが明確になったということです。つまり需要と供給が不均衡になって、商品が売れなくなってそれがどんどんたまっていって、それがどこかで暴力的、強力的に均衡化がおこるのが恐慌だといってきましたが、これまで資本主義ではなぜ周期的にこういった需給の不均衡の累積がおこるのかがわかったようでわかっていなかったと思います。需給が不均衡なのであれば市場メカニズムですみやかに調整されれば解決できるはずなのに、なぜそれが働かないのか、暴力的な恐慌になるのかということが説明しきれていませんでした。

また、この過剰に生産されるといいながら、実は賃金があまり払われないから、過少に消費しているから生産と消費の矛盾がおこるという過少消費説的な理解をわりとしてきたと思います。だけれどもそれは本来の過剰生産恐慌論ではなかったのではないかと私は考えています。これまでは第一部門の優先的発展論であるとか、「利潤率の傾向的低下」にともなって、利潤率は下がるけれども利潤量の増大で穴埋めするから生産がどんどん拡大していって不均衡がおこるという話をしてきたと思います。

しかし今回の「流通過程の短縮」、恐慌の運動論の発見によって、商業信用と銀行信用による「架空の需要」が拡大して、それが「現実の需要」と矛盾をおこすメカニズムが明らかになりました。これまで過剰生産といいながらなぜ過剰になるのか明確にならなかった話が克服できたのではないかと思っています。

二つ目は、金融化、グローバル化というものと一体にした過剰生産恐慌論が、非常にわかりやすく明確になったということだと思います。金融危機と恐慌の運動論との一体的なメカニズムです。これまでは恐慌について、いろいろ研究がなされてきましたが、それが金融化やグローバル化とどう関係があるのかといわれると、「日暮れて途遠し」のような感じで整理されていない話になっていたのではないかと思うのです。しかし、この恐慌の運動論、「流通過程の短縮」論が、商人資本と銀行資本に注目して再発見されたことによって、金融危機と恐慌の一体のメカニズムが、第二部第一草稿や第三部第四篇の商人資本論や第三部第五篇の利子生み資本論で非常に明確に読み取れるようになりました。

さらにいえば、グローバル化、二一世紀の資本主義の特徴と言われるグローバル化を見据えても、このグローバル化、世界市場論と恐慌の運動との一体的なメカニズムが、実は『資本論』第三部第五篇第二五章の東インド貿易における為替手形取引のメカニズムであるとか、第三部第五篇三五章の、信用主義から重金主義への転換と呼ばれる信用取引を拡大していくのだけれども、貿易不均衡がおこったところで、金の輸出がおこり金の取引に一気に戻ってしまうというなかで、膨大な信用の毀損《きそん》、不良債権化が発生するというメカニズムが初めて明確に理解できるようになったと思います。

三つ目は、みなさんが言われているように、「恐慌＝革命」論の克服ということです。景気循環としての恐慌であり、資本主義の革命的危機なのだという短絡的な話とはある意味で絶縁するということだと思います。そうなると、何をもって社会の変革が必然である、資本主義は必然的に没落するといえるのか、ということから、新たな革命論というものが必要になり、マルクスは、それを一八六七年の『資本論』第一部の完成稿で、社会変革の主体的条件の成熟という議論を三つの角度から解明しています。

こういった三つの意義が、今回の新版『資本論』第二部、とくに「流通過程の短縮」論の再発見によって明確になったと、私は考えます。

第三部　「古いマルクス」と「新しいマルクス」
――監修者の訳注で明確にされた

萩原伸次郎

私の担当は第三部ですが、関野さんの報告は第三部の内容にも入っておりますので続けて報告します。新版『資本論』第三部の翻訳は、第八分冊から第一二分冊までの五分冊で出版されています。そして、第三部は、現行『資本論』第一部、第二部、第三部のうち最も早い時期のマルクスの草稿をエンゲルスがまとめたものです。しかも、そこには経済恐慌についてのマルクスの考察が大きく変化した事実――一八六五年前半、関野さんがおっしゃったようなマルクスの新しい恐慌論の発見が反映されていますし、また「古いマルクス」も第三部に入っていることが非常に重要だと思います。従来、私どもが読んだとき、どれが「古いマルクス」でどれが「新しいマルクス」かということがよくわかりませんでした。それが、新版『資本論』では、監修者の注として最初に次のようにきちんと説明されています。

「第三部の主要草稿は、現行『資本論』の諸草稿のうち、もっとも早い時期の所産で、第一篇―第三篇は一八六四年の後半に、第四篇―第七篇は一八六五年の後半に執筆された。その間、一八六五年前半にマルクスは第二部第一草稿を執筆したが、そのなかでの恐慌論の新たな発見は、『資本論』全体の編成や内容にかかわる大きな理論的な展開の起点となった。その見地は、続いて執筆した第三部後半（第四篇―第七篇）にただちに取り入れられたが、第三部の前半部分、とくに利潤率の傾向的低下を論じた第三篇には、マルクス自身が乗り越えた古い理論的命題が訂正されないままふくまれている」（⑧四ページ）

これが新版『資本論』の非常に重要なポイントだと思います。

「古いマルクス」とは、いうまでもなく、恐慌と革命を直結させた、恐慌＝革命論を固く信じて疑わなかった時代のマルクスであり、あえて言えば、労働者階級の運動抜きの社会変革論ということがいえるだろうと思います。利潤率の減少が、資本主義的生産様式の制限を表しており、「資本は無意識のうちにより高度な生産形態の物質的諸条件をつくり出す」（⑧四四五ページ）とのべ、生産力の発展と矛盾し、衝突する資本主義的生産の歴史性は、「周期的諸恐慌のうちに現われる」（⑧四五三ページ）と言っています。ですから、恐慌をきっかけにして新しい社会が生まれる、つまり「古いマルクス」がここで述べられているわけです。そして、「資本が形成していく一般的な社会的な力と、この社会的な生産諸条件にたいする個々の資本家たちの私的な力とのあいだの矛盾は、ますます際立つものとして発展していき、そして、この関係の解消を含むことになる。というのは、これ〔この関係の解消〕が、それと同時に、生産諸条件の、一般的・共同的・社会的な生産諸条件への変革を含むからである」（⑧四五三～四五四ページ）とマルクスは言っています。

第一部を読んできた私どもは、マルクスは、ここで主体なしの変革論を言っているではないかと疑問が出てくるわけです。監修者の「注」が、これを古いマルクスとしているところが重要なポイントになってくると思います。

もちろん、第一篇から第三篇までの箇所は、第三部において、きわめて重要な箇所ですが、第三篇「利潤率の傾向的低下の法則」、第一五章「この法則の内的諸矛盾の展開」、とりわけ第四節「補遺」は、エンゲルスが、そうしたマルクスの古い恐慌把握を残してしまったことに注意しなければならない点です。新版『資本論』第三部は、その点を考慮し、この古いマルクス、つまり一八六四年後半に書かれた、第一篇から第三篇までを、第八分冊としてまとめた形で編集されています。

ですから、第八分冊から第九分冊にいきますと恐慌のとらえ方は大きく変わってくるということになります。

プランの大きな変更がよくわかる

第四篇から第七篇までは、マルクスが恐慌理解の新展開の後に、一八六五年後半に書かれた草稿をもとにエンゲルスがまとめたものです。当然ながらマルクスの恐慌に対する考え方は変わっていますから、大幅に変更されています。つまり、関野さんの報告に関連することですが、従来の経済恐慌が革命を引き起こすという恐慌＝革命仮説を信じていたころのプランを大幅に変更して書かれたということになります。恐慌＝革命仮説の下でのプランは、『経済学批判』序文で明らかにされたように六部構成でした。Ⅰ　資本について（1　資本一般、2　競争、3　信用、4　株式資本）、Ⅱ　土地所有、Ⅲ　賃労働、Ⅳ　国家、Ⅴ　外国貿易、Ⅵ　世界市場（と恐慌）、という六部構成の叙述プランをマルクスは持っていました。

このプランがどこで現行の『資本論』に変わったのかという点で重要なのは、商人資本が介在し、信用膨張の下に架空の需要がつくりだされ、それが崩壊して経済恐慌が起こるという把握です。この把握では、必然的に商業信用・銀行信用の叙述が不可欠になってきます。ですから第五篇は、最初、利子生み資本論というプランでしたが、それを超えて、商業信用論、銀行信用論という信用制度論にまで立ち入ることになりました。そうなりますと、従来、地代は「Ⅱ　土地所有」で論じるはずだったのですが、プランは変更せざるをえず、第六篇で地代と土地所有について論じ、第七篇では、まとめとして三位一体的定式といわれている、資本―利子、土地―地代、労働―賃金という、資本物神の完成形態を論じることになったわけです。

一八六五年前半に発見した恐慌についての考え方が、マルクスのプランを大きく変えて、現行の『資本論』になったということが非常によくわかると思います。そういう点の、監修者の「注」がきちんと載っているところが新版『資本論』の大きな特徴であり、〝売り〟(笑)のところです。

マルクスにもとづく恐慌論の発展の研究

第四篇「商品資本および貨幣資本の商品取引資本および貨幣取引資本への(商人資本への)転化」には、マルクスの恐慌観が新しく展開されている印象的な箇所があります。

「商人資本は、その自立化によって、ある限界内では再生産過程の諸制限にはかかわりなく運動するのであり、したがってまた再生産過程をその制限を越えてまでも推進する。内的依存性と外的自立性とは、商人資本をかり立てて、内的な連関が強力的に、恐慌によって回復される点にまで到達させるのである。

恐慌がまず出現し爆発するのは、直接的消費に関連する小売業においてではなく、卸売業と、これに社会の貨幣資本を用立てる銀行業との部面においてであるという恐慌の現象はこうして生じるのである」(⑨五一九ページ)

この商人資本を論じたときに、「さらに、すでに見たように（第二部、第三篇）、不変資本と不変資本とのあいだにも恒常的な流通が（促進される蓄積を度外視しても）行なわれており、この流通は、決して個人的消費にはいり込まないという限りでさしあたり個人的消費にかかわりがないが、にもかかわらず最終的には個人的消費によって限界づけられている」（⑨五二〇ページ）という第二部第三篇の記述がありますが、マルクスは、これについてきちんと書いていません。再生産表式論を恐慌の観点から論じることなく亡くなってしまったからです。

不破哲三さんは、この点に関して、マルクスは第二巻を執筆していくなかで恐慌論を踏まえて再生産表式論を積極的に論じるということを考えたのではないかと指摘されています。「第二部第三篇そのもののなかで提起された新たな可能性、すなわち産業諸部門間の均衡条件の破綻《はたん》が生み出す恐慌の可能性も、再生産論展開の成果も踏まえ、……より立ち入った理論展開がおこなわれたのではないでしょうか」（『「資本論」完成の道程を探る』二八六ページ）とされています。

実はこのマルクスが書いていないことを、慶応大学名誉教授の井村喜代子さんがすでに五〇年前に発見しているのです。井村さんは、『恐慌・産業循環の理論』（有斐閣、一九七三年）という著書で、これをマルクスがやり残した問題だと指摘し、『資本論』第二部第三篇の再生産表式分析で解明されなかった、拡大再生産における生産と消費との矛盾を軸にする恐慌論をこの著書の中で詳細に論じて、産業循環論まで展開されています。

かつて恐慌論には、資本過剰論という形で展開する流れ、もう一つは再生産論を軸に展開するという二つの流れがありました。資本過剰論で展開していく恐慌論で有名なのは中央大学名誉教授の富塚良三さんです。

それに対して井村さんは、再生産論を重視して、「すでに見たように」とマルクスは言っているけれども、見ていないではないか、それならばマルクスがやろうとしていたことを私がやってみようじゃないかと展開していった。マルクスがやり残したことに対し、井村さんはかなり昔に問題意識をもってとりくんでいたわけです。今回の新版にかかわって、最近、井村さんの本を思い出したのですが、不破さんのいう「マルクスの新しい恐慌の考え方」ともつうじるすぐれた研究だと思った次第です。

先ほどの「利潤率低下」論にかかわるのですが、資本過剰論を展開してきた人の中で、利潤率の低下から議論する恐慌論をマルクスが取り消したはずがないという議論も出されています。私は、利潤率の低下を重視する富塚さんの議論は「富塚恐慌論」としては理路整然としてすぐれたものだと思うのです。けれども、マルクスがどういうふうに考え、どういうふうに恐慌論を進化させてきたのかをマルクスにもとづいて考えるということが、『資本論』の理解にとってはとても重要だと思います。再生産論は、第二部では未完成で、マルクスは亡くなったのですから、マルクスが再生産表式論をさらに展開して恐慌論を発展させたかったのではないか、と考えるのはごく自然なのではないかと思います。

マルクスは一八六五年後半に信用論まで書いていきますが、ほんとうに急いで書きすすめましたから、きちんとした完成稿として残さなかったということですね。ですから、第五篇第二五章以下第三五章に至る一般に「信用制度」論といわれる箇所が、エンゲルスが編集する際、最も困難に遭遇した箇所であって、それが、『資本論』第三部の刊行を大幅に遅らせた理由だったわけです。今回の新版では、エンゲルスは、「注」にするべきところを本文に入れたり、苦労してタイトルもつくって編集していったプロセスがわかるようになっています。エンゲルスが第三部の「序言」で言っているように、「主要な困難をきたした」⑧一三ページ）のが、第五篇の信用制度論にあったことがよく理解できるのではないかと思います。そして、今回の新版では、その困難をきわめた草稿類についての解説がなされていることも注目される点です。

「三位一体定式」の冒頭に移された未来社会論

今回の新版『資本論』第三部の翻訳についての注目すべき点の最後は、マルクスの未来社会を論じた箇所を、エンゲルスの編集と異なり、章の冒頭に持ってきて、わかりやすくした点にあるということです。

従来のエンゲルスの編集では、ご承知のように、断片「Ⅰ」、「Ⅱ」、「Ⅲ」と番号のついた三つの文章の後に、マルクスの未来社会論が論じられるという構成をとっていましたが、マルクスが、三位一体的定式という章の表題を書いてすぐ、未来社会論を書きつけていた事情もあるので、それを冒頭に移すということを行っています。監修者の説明によれば、「断片『Ⅰ』と『Ⅱ』は連続した記述であり、今日では、本文で『欠けている』とされた草稿部分であると考えられている。そこで、本訳書では断片『Ⅰ』と『Ⅱ』の文章を『欠けている』とされた箇所に移し、本文を一貫した形で整えた。『Ⅲ』の文章は章の末尾に移すことにした」（⑫一四五七ページ）とあります。

これによって、「必然性の国」から「自由の国」へのマルクスの「自由の時間」論に基づく「未来社会論」が、きわめてわかりやすく配置されたということになるだろうと思います。マルクスの草稿をもとに『資本論』を編集したエンゲルスは、「古いマルクス」を残しましたが、マルクスが生きていたら、おそらく、第二部を完成させ、第三部もすべて書き直したと思うのですが、それはできませんでした。結局、第三部には「古いマルクス」が残ってしまった、そういう事情を理解しながら『資本論』を読むことが重要だと思います。

討論

〈第二発言〉「アベノミクス・バブル」と「流通過程の短縮」論の有効性（関野秀明）

先ほどお話ししたように第二部の、とくに「流通過程の短縮」論が、新版『資本論』第二部における一番の読みどころであろうと考えます。そのうえで、先ほども指摘したように、今回の新版『資本論』の刊行が、現代社会の諸問題を真剣に考える思いと響きあうということ、二一世紀の世界の分析、社会変革の事業の礎だということについて、もう少し付け加えたいと思います。この「流通過程の短縮」論が、現代の資本主義、とくに日本のアベノミクスというものを分析するうえで、どのように発展させて考えることができるのか、さらに図解もまじえながらお話ししたいと思います。

日本銀行の介入という新しい性格

私がずっと抱いている問題意識は、アベノミクスと呼ばれる政府の経済政策が、「架空の需要」の創出・拡大をしながら、逆に「現実の需要」を抑制する、そのことによって国民生活を窮乏に導きながら、一部のエリート層だけが資産価格の高騰によって富むという状況をつくりだしており、「アベノミクス・バブル」

図Ⅱ-4　アベノミクス・バブルの論理

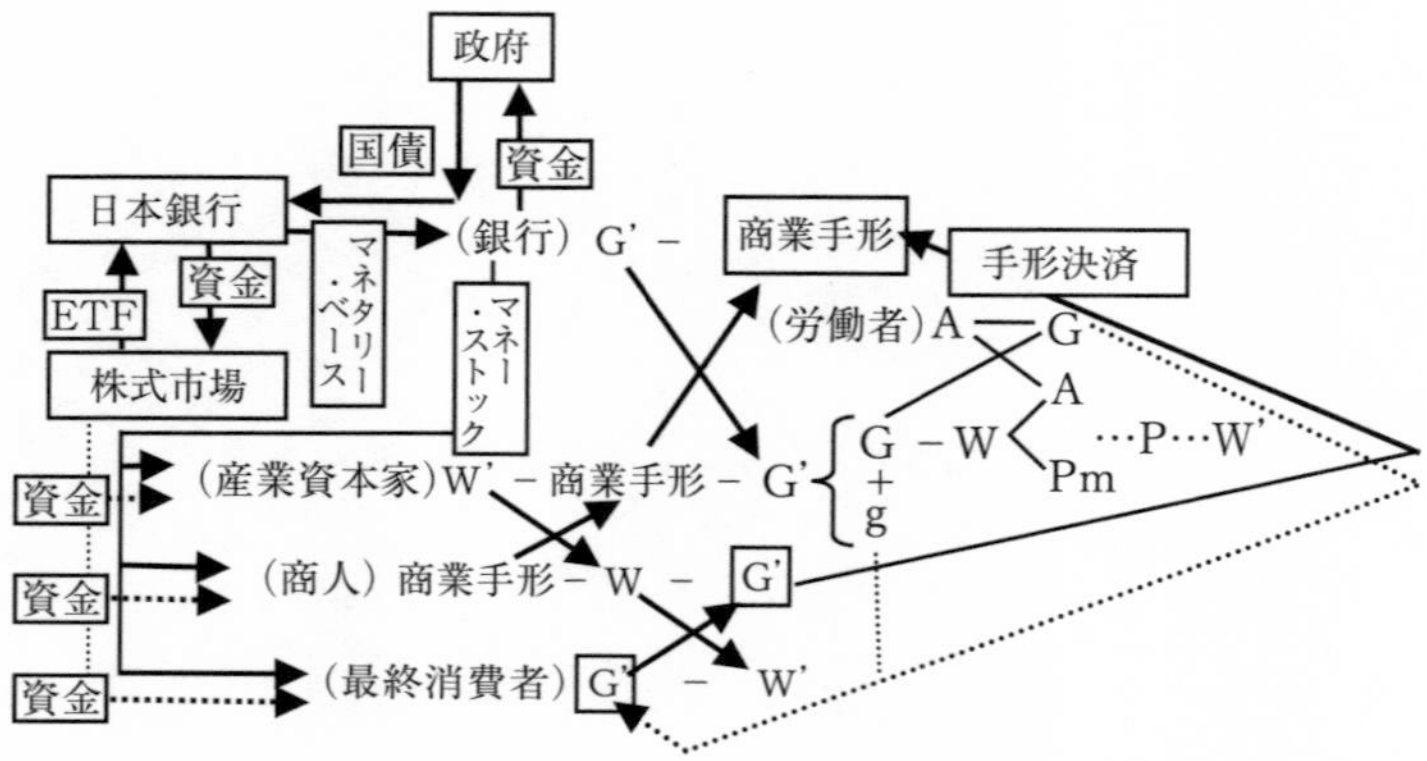

…生産物W'が最終消費者に売れる前に商業、銀行、消費者信用、
株式市場、最後の貸手・中央銀行信用の範囲で次の投資へ。

と呼んでいい内容だと考えています。

そのなかでも、「アベノミクス・バブル」の特徴は、政府と中央銀行の信用が、『資本論』のなかで解かれている「商人資本」「商業信用」と「銀行信用」というところから、さらに拡大した新しい性格をもたらしているのではないかと考えています。

私の考えている「アベノミクス・バブル」の論理ということですが(図Ⅱ－4)、先ほどのマルクスのバブルの論理である、産業資本が商人に一括して商業手形で販売して、それを銀行が引き受けてどんどん現金を渡すという、商業信用と銀行信用の世界に、さらに中央銀行の信用が介入するというもので、現在の日本、世界の特徴だと思います。まさに景気、経済というものを一パーセントのエリート層が望む規模で維持し続けるために、中央銀行がどれだけ貸すことができるのかという経済になっているのではないかと考えているわけです。

具体的に政府が国債を銀行に対して販売する、銀行が国債を買って、その国債を日本銀行がすべて引き受ける、日銀が買い入れてしまうことによって、出される日銀マネーが「マネタリーベース」とよばれるものです。この「マネタリーベース」が市中銀行に入るわけですが、これはほとんど金利がつかないので「マネーストック」という形で、産業資本家、商業資本家、いわゆる企業に対して、設備投資資金としてどんどん貸し付けられていく、あるいは最終消費者にたいして住宅ローン資金として貸し出されるという流れで、中央銀行が国債を媒介にして資金を供給し、それが市場に対して信用の拡大によってどこまで貸せるのかという規模で、経済が拡大していく――これが「アベノミクス・バブル」の目指した一つの流れだと思っています。

しかしながら図Ⅱ―5（次ページ）は、二〇〇七年一―三月期と比べ二〇二二年七―九月期に、日銀が市中銀行に供給した「マネタリーベース」が七・五一倍増大したのに、市中銀行が企業や家計に供給した「マネーストック」が一・六九倍にとどまり、企業の投資需要、家計の消費需要など「民間需要」は一・〇〇倍で全く増えなかったことを示しています。さらに「マネタリーベース」が増えても「マネーストック」が増えなかった理由は、市中銀行が「マネーストック」の貸し出しに回さず日銀当座勘定に預けたままにしている「日銀当座預金」が六〇・七二倍にも膨張しているためであること、マネーストックの増大部分も、銀行・信用金庫の企業や家計への貸出（「銀行信金総貸出平均残高」）よりも株式・有価証券や不動産の投資信託を表す「投資顧問業協会契約資産残高」により多く流れ込んでいることを示しています。

もう一つは、日本銀行が直接株式市場に働きかけ、日本銀行がＥＴＦ取引、上場投資信託の証券取引をつうじて、証券会社のＥＴＦを買うことで、証券会社が株式を一括購入する。結局、日銀が株式をどんどん買い上げていくことによって、株式市場に大量の日銀マネーが流れ込んでいくことで、株高という状況になっ

図Ⅱ-5　マネタリーベース、マネーストック、国内民間需要および投資顧問業協会契約資産残高、銀行信金総貸出平均残高の推移

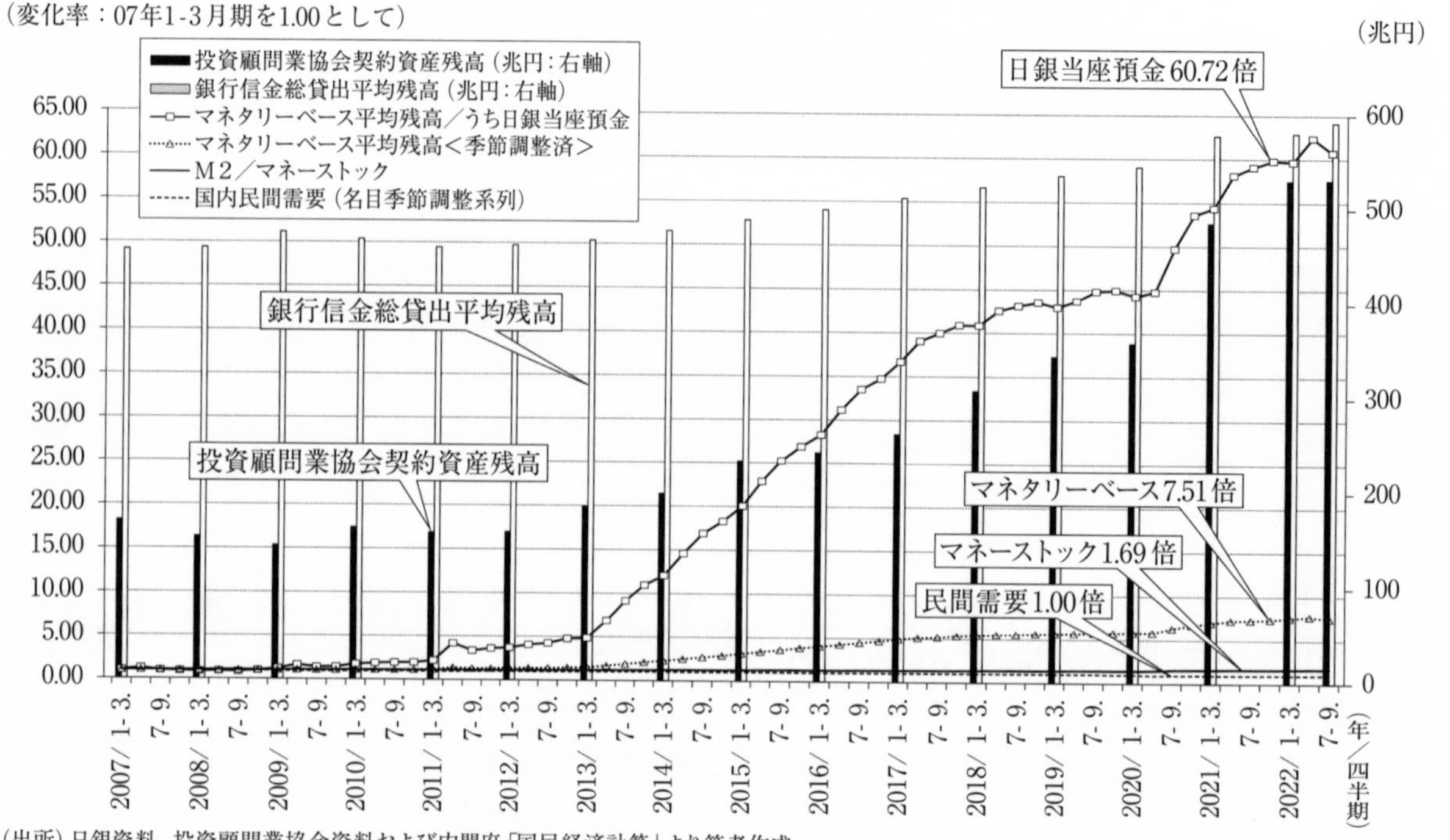

（出所）日銀資料、投資顧問業協会資料および内閣府「国民経済計算」より筆者作成。

図Ⅱ-6　海外投資家、GPIF国内株式資産変動額、日銀ETF買入額

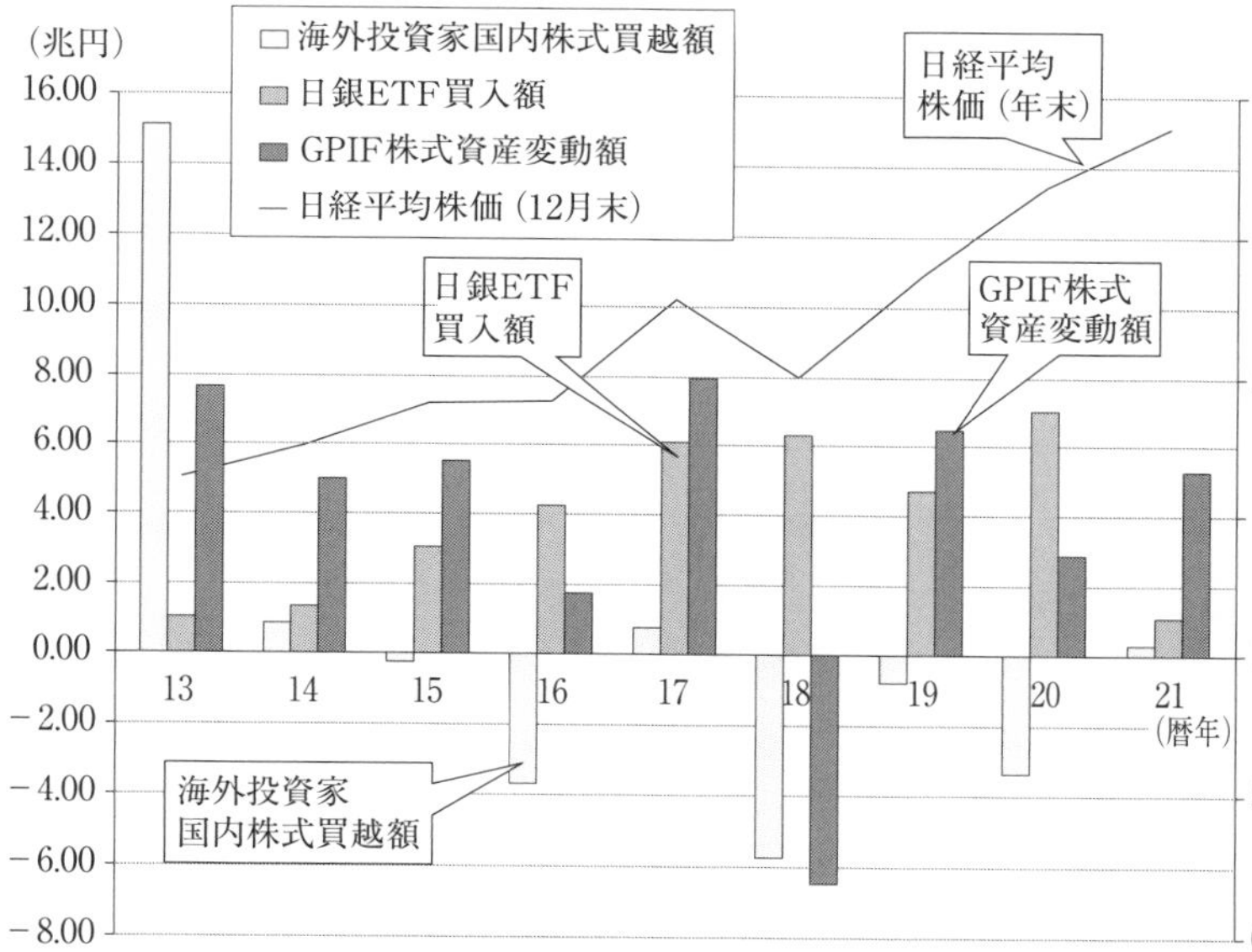

（出所）日本取引所グループ「投資部門別売買状況」日本銀行「営業毎旬報告」GPIF「運用状況」日本経済新聞社「日経平均プロフィル」より筆者作成。

ています。

図Ⅱ―6は、第二次安倍政権発足直前に一万円程度であった日経平均株価が二〇二一年末には三万円目前にまで高騰したこと、しかし、東京証券市場における株式買い越しは、「海外投資家」によるものではなく、日本銀行のETF購入に伴う株式購入とGPIF（年金積立金管理運用独立行政法人）による国内株式運用の拡大によるものであることを示しています。

コロナ危機で景気が悪いのに株価だけが上昇するという構造をつくりだしているわけです。そして企業は営業外の金融取引での利益を増やしたり、さらには資産が膨張するので、資産効果で消費が増えたりする。そういった形で経済の規模が拡大していくということになります。

いってみれば健全な雇用、賃金、社会保障

などにもとづく「現実の需要」にみあった経済成長とはまったく関係がないかのように、「架空の需要」が日銀の力によってつくりだされていくというメカニズムは、「アベノミクス・バブル」のきざしであるし、こういうあり方をメカニズムとして俯瞰的に理解するうえで、この「流通過程の短縮」論は、非常にわかりやすく、有効だと理解しています。

住宅関連バブルからリーマン・ショックへの流れの解明

ひるがえって見れば、「架空の需要」をもっとも洗練された形でつくり出したのは、やはり二〇〇八年のリーマン・ショックにつながる、アメリカにおける住宅関連バブルのメカニズムであり、非常に重要だと考えています。何が重要かといいますと、まさに「架空の需要」を生みだすお金の貸し方として、単なる銀行の信用だけではなくて、住宅ローンの債権を証券化して転売するという、ローン債権の証券化メカニズムということを使って、世界中の富裕層であるとか、大企業、大銀行から住宅ローン担保証券というものを買えば高い利子が得られるという形で集めた資金で、アメリカの家計に非常な高金利で住宅ローンを貸し付けて、考えられないような住宅関連バブルをつくりだしていったわけです。だけれども、最終的には住宅ローンが払いきれないという「現実の需要」の崩壊によって、この住宅関連バブルは崩壊してリーマン・ショックになっていくわけです。

このアメリカの住宅ローン関連バブルとリーマン・ショックという一連の流れを理解するうえでも、マルクスが一八六五年に発見した「流通過程の短縮」論、恐慌の運動論というものは、金融危機と恐慌とを一体でとらえる枠組みとして非常に役立つのではないか、現代の資本主義分析の礎になるのではないかと考えています。

□マルクスに第二部での恐慌展開の構想はあったのか

山口　関野さんから、リーマン・ショックとのかかわりで、マルクスの「流通過程の短縮」論は、理論的な意義を実際の経済の姿で示しているのではないかという指摘がありました。私も同感です。リーマン・ショックのあと、私たちも研究会をひらき、この事態をどう見るかを議論しあいました。関野さんが指摘されたように、マルクスの恐慌の分析が現代に生きていることを、その研究会で確認しあったことがあります。

新版第七分冊の末尾に、第二部第一草稿の三つの文章が収録されています。この文章に、流通過程の短縮の問題に触れながら、「こうした先取りの諸形態をつくり出すことは、ぜひとも必要」といううくだりが出てきます（⑦八六二ページ）。資本主義的生産とは、「前もって定められた範囲」の需要に合わせて、生産規模を決めるような生産様式ではなくて、生産のための生産のもとで、「生産規模の絶えざる拡張要求」、バブルですが、それを要求するという指摘です。これも大事な意味を持ってくると思います。

つぎに、第二部にかかわるエンゲルスの編集上の問題について述べます。

マルクスは経済学の研究において恐慌をたいへん重視しましたが、現行の第二部にはそのまとまった展開がありません。ここからは、マルクスに第二部で恐慌を論じる構想がなかったのか、展開がないことはエンゲルスの編集と関係しているのか、という問題が出てきます。

エンゲルスの読み違い

まず、最初の問題です。マルクスは第二部で恐慌論を展開する構想をもっていました。現行版でもエンゲルスが、「将来の仕上げのために次のような覚え書きがここに書き込まれている」として（⑥五〇一～五〇二ページの原注三二）、マルクスが恐慌にかかわる展開については、「次の篇に属する」としたことを、「注三二」で紹介しています。マルクスのこの言明は、第二草稿（一八六八年春～七〇年年央の執筆）によるもので、二〇〇八年に新メガで公表されました。これによって、エンゲルスにこの部分の読み違いがあることもわかりました。たとえば、「剰余価値」を「より多くの価値」と判読し、また、肯定文を否定文として読んでいました。そこで新版では、マルクスの草稿そのものを「訳注3」（⑥五〇二ページ）として訳出することにしました。

もう一つですが、マルクスは病気に苦しんで、一八八一年に第二部の第八草稿を、拡大再生産論まで書き進んだところで筆を止め、あとは書くことができませんでした。恐慌論を展開したいという構想をもちつつも、執筆にいたらなかったのだと思います。新版では、さきほども触れましたが、マルクスの構想を考慮して、新しい恐慌論の起点となった第二部第一草稿での解明点を、訳注に収録しました（⑦八五八～八六二ページ）。萩原さんが指摘された信用制度の問題を視野に入れて恐慌を論じるという提起も、ここにあります。

三つの新訳注をめぐって

エンゲルスは「注三二」でマルクスの構想を紹介しましたが、一方、第二部第一草稿を〝利用できるものはなかった〟と考えました。それもあってか、恐慌の展開にかかわるマルクスの論述が、現行版では読み取りにくいように思います。これもすでに触れた問題ですが、マルクスは、第一草稿での恐慌論の発見にかかわる重要な論述を、第五草稿（一八七六年一〇月〜七七年七月）のなかに、「脚注」として書き写していました。エンゲルスは、これを第二部の第二章の本文に組み込みました（⑤一二四〜一二五ページ）。組み込み方にも多少問題があって、いくつか文章を合わせたものですから、マルクスの論述が読み取りにくい。ここに、第一草稿で恐慌論を展開した論述が再現していることは、不破哲三さんの研究で指摘されていました（『マルクスと「資本論」』第三巻、七二〜七八ページ、新日本出版社、二〇〇三年）。その後、新メガで第五草稿が発表されて詳しい経過がわかり、新版では、三つの訳注でこの経過と問題点を示しています。

拡大再生産論の苦闘がわかる編集に

もう一つは拡大再生産論のところです。マルクスが苦闘してたどりつくわけですが、エンゲルスの編集ではその過程が不明瞭でした。新版では、マルクスの探究ぶりについて、ここで一回目の考察をやって失敗したとか、ここで二回目に移ったとか、四つの流れを示して、マルクスが失敗をくり返しながら最後に拡大再生産の表式化に到達するまでの苦闘を、苦闘は苦闘として読めるような編集にしました。萩原さん流にいえばこれは新版第二部の〝売り〟（笑）だということになります。

萩原　エンゲルスの編集では、第三部の「利潤率の傾向的低下の法則」のところは恐慌で終わっていて、再生産表式のところではマルクスの到達点を除いたということには、エンゲルスの恐慌に対する見方が反映していると感じますね。

山口　エンゲルスは、草稿で恐慌が出てくると、かなり筆を入れるように感じます。第三部ですと、恐慌の根拠についての命題（⑩八五六～八五七ページ）とか、同じく八七〇ページあたりの書き換えがあります。

□恐慌に陥る過程の議論が整理された

関野　山口さんがおっしゃった『資本論』第二部の最後の締めくくりが、恐慌論の体系化だったのではないかという問題提起でしたが、そのことは先ほどの第二部第二篇第一六章「可変資本の回転」の「注三二」のいわゆる「覚え書」とよばれるもので、この章の最後で恐慌論をまとめるというような主旨をほのめかして終わっているところだと思います。やはり『資本論』第一部の後ろが、「資本主義的蓄積の歴史的傾向」だったのにたいして、第二部の最後は恐慌論というかたちでマルクスは第二部をまとめたかったのではないかと理解しています。

これまでのマルクスの後継者や、マルクス経済学者の方々の恐慌論の研究は多くの成果を挙げてきたと思いますけれども、商品過剰論、資本過剰論という形でまとめられますが、どうしても労働者の賃金が低すぎることが、消費の減退をまねいて恐慌につながっていくのではないかという問題意識にたいして、片一方は、むしろ賃金が高すぎること、労働力を商品化することは無理だから賃金が高くなることが、利潤を圧縮し投資の減退を招いて恐慌に陥るのではないか、という議論など、そういう軸で語られてきたと思います。賃金が高すぎるのがいけないのか、低すぎるのがいけないのかということで、恐慌がずっと研究されてきて、それはそれで成果があったと思います。その上で新版『資本論』の理論的前進は、商業信用、銀行信用までくわえて、まさに貸せる範囲で必要とされる流通の規模を生み出すのが資本主義であるというこの第二部第一草稿の発見です。賃金が高い低いというところで即恐慌という話ではなくて、どれだけ貸せるかということで経済を「架空の需要」によって拡大したあげく、それが「現実の需要」と矛盾をおこして恐慌に至るというこの金融と一体になった恐慌論の重要な意味は、私は諸先生方の議論をみてきた立場として実感しているところがあります。それが新しいと思っているところです。

現実の恐慌の歴史を分析してきたときに、実は恐慌に陥る直前で賃金が上がっているようなケースが結構多くて、賃金が上がる局面だけれども、恐慌に陥るということをどう理論的に整理するかというのがたいへん難しいということを、私は横浜国立大学修士課程で萩原先生の話をうかがってとても印象に残っています。その仕組みが今日の新版『資本論』で一定見えたのかなという感慨があります。

□マルクスの再生産論の研究の過程が生々しく

石川　なるほど、お二人はそういうご関係だったのですね（笑）。第二部にかかわって、私が非常に印象的に覚えているのは、そこに本来恐慌論があって、現在の『資本論』ではそれがミッシングリンクになっているんだという『マルクスと「資本論」』（新日本出版社、二〇〇三年）での不破さんの指摘でした。私が若い頃に『資本論』の叙述や組み立ての論理についてよく学んだのは見田石介さんの研究だったのですが、見田さんは『資本論の方法』（一九六三年）で第一部は生産のための生産、第二部は消費のための生産、第三部は両者の統一としての資本の矛盾というふうにとらえていました（『見田石介著作集・第四巻』大月書店、一九七七年)。そのイメージを私はずっともち続けていたのです。

そこへ、そうではなくて生産と消費の矛盾にもとづく運動論をふくんだ恐慌論の全体を、マルクスは『資本論』の第二部で展開しようとしていたという指摘がなされたわけです。それまでの私の不勉強もあったのでしょうが、とても大きな衝撃を受けました。『資本論』をマルクスの完成品として、つまりマルクスの研究の到達をあまさず、また正確に反映した書物だと思い込んで読んではいけないということを、あれほどわかりやすく教えられたのは初めてだったと思います。新版の第二部第三篇の最後にそえられた長い訳注は、その不完全さをマルクス自身の言葉で補う試みとしてとても重要な意義をもつと思います。

恐慌論をめぐる先輩たちの研究のお話がありましたが、すでに話に出たマルクスの「覚え書」の中の「次の篇に属する」の「次の篇」とはどこだという論争もありましたね。「覚え書」は第二部第二篇にありますから、じゃあ「次の篇」は第三篇だろうと簡単に答えが出てきそうですが、しかし「覚え書」を含んだ第二部第二草稿(一八六八~七〇年)は第二部全体を「篇」を用いずに第一章から第三章まで「章」で区切って構想しており、そこでこの「篇」は第三部のことを意味するのではないかという意見も出されたわけです。先の不破さんの研究は第二部第三篇を指していると類推していましたが、その後、山口さんのお話にあったように、そもそもマルクスは草稿の中で「次の篇」ではなく「次の章」と書いていたことが明らかになって、少なくともそれがどこを指すかについては決着がついたのでした。この点についての不破さんのより進んだ研究は『「資本論」完成の道程を探る』(新日本出版社、二〇二〇年)に述べられています。

私は、三八歳でようやく大学教員になって、それからあらためて『資本論』の勉強を始め、労働者教育運動での講師を買って出たりもしたのですが、第二部・第三部の解説には本当に苦労しました。第二部第三篇の拡大再生産論などは、マルクスの到達点を要約して紹介することはできても、『資本論』の文章そのものを解説していくとどうにもまとまりがつきませんでした。どうしてこういう具合に話が展開されるのか、わからないところがたくさん出てくるのです。萩原さんが紹介された第三部の信用制度論ぐらいごちゃごちゃしていると、これはまだ整理されていませんと勝手に切って捨てることもできるのですが、拡大再生産論は字面の上ではつながっているように見えてどうにもなりませんでした。その点、新版の「訳注」は、マルクスがその究明に向かった四度の挑戦――つまり挑戦の三つ目までは事柄の解明に至らず途中で放棄された議論だったわけですが、そこの区切りを明示してくれています。わけがわからなかった理由の少なくともすべてが自分の理解力にあったのではないということがはっきりして、少しホッとさせられるところです（笑）。

山口　石川さんの話を継ぎますね。再生産論の読み方をめぐって、第七分冊の八三〇ページのところですが、ここに、「〔草稿では「結びついている、等々、等々」となっている……〕」とあります。ここは私も驚いたところです。草稿をみますと、マルクスの筆が完全に止まってしまう。論理がつながらないのです。ところが、エンゲルスが文章を直し、そのあと、「もう一つの方法は……」と続きの文章を書き込んでいる。石川さんが言われたようにつながって見えてしまうのです。実際には、マルクスは、ここで第三回の挑戦を打ち切っていました。生々しい爪痕に彼の苦闘を感じます。

第二部草稿については、大谷禎之介さんをはじめ、多くの研究に学びました。みなさんからのいろいろなご支援、ご協力があって、はじめて新版の刊行にいたりました。ここでも、あらためて感謝を述べたいと思います。

□第三部におけるエンゲルスの努力を書き込む

山口　第三部におけるエンゲルスの編集の苦労では、信用論のところで、彼のとり違えがありました。萩原さんが指摘されましたが、エンゲルスは、マルクスが別の著作で使うことを予定していた議会報告書からの抜粋を、信用論の本文に組み込み、そこに自らの文章も書き加えて、信用論の第三三章、第三四章をつくっています。新版では、その経過と草稿の実際の状態がわかるように注を付けて紹介しました。もともと注とされていた部分をエンゲルスが本文に組み込んだところもあります。第二五章「信用と架空資本」です（⑨六九三ページ）。

萩原　信用制度論のはじめですね。

山口　ええ、そうです。マルクスの草稿本文は、商業信用と貨幣信用の基本的な骨格を説明した簡潔な構成になっています。そこに用語の解説や関連する事項の注が書き込まれていたのですが、エンゲルスは、その注をことわりなしに本文に組み込みました。そのため、ここでも、本文の論旨がうまく読み取れなくなっていました。

同時に、エンゲルスは、注から本文に組み込んだ部分について、これをすべて本文よりも小さい活字にしています（一八九四年の初版）。新版もこれに従うことにしました。第九分冊の六九六ページの注で、「このあとの三つの段落は、草稿では用紙の下段に注として書かれた部分からとられており、初版では本文よりも小さい活字で組まれていた。本訳書もこれに従っている」と述べています（⑨六九六～六九九ページ／七〇三

〜七〇九ページ）。また、エンゲルス編集の初版では、一八四七年恐慌での信用に関連する材料とされる部分も小活字になっていました（⑨七一四〜七二七ページ）。

このように、エンゲルスの編集を注意深く読むと、草稿で本文だった部分と注から本文に組み込んだ部分とは、区分けされています。ただし、本文のどこにつけた注かはわかりませんし、この措置についての説明も見当たりません。ドイツ語版『資本論』として入手しやすいヴェルケ版にはこの区分けは採用されていません。

ついでの紹介となりますが、ヴェルケ版は引用部分を、基本的にドイツ語に訳し直しています。マルクスは英語のものは英語、フランス語のものはフランス語、というふうに原典で引用する場合が少なくありません。ドイツ語に訳し直された文章を日本語に訳すと、本来の原典の言い回しの趣旨がうまく出ないことがあります。新版で、底本をヴェルケ版ではなくて、マルクス、エンゲルスが校閲した最終版としたことには、そういう経過もありました。

□邦訳では初の「貨幣資本」の訳し分け

山口　先ほど萩原さんから指摘があったように、第三部の第四篇以降は新しい構想の下で書かれたものです。マルクスも、初めて本格的な研究をするのですから、たいへんだったと思います。それを未完成というか、粗い原稿というか、いろいろ表現の仕方はあると思います。同時に、様々な解明の努力も、マルクスはやり始めます。

その一つに、信用論のところでの「マニイド・キャピタル」という用語の使用があります（⑨五九七〜五九八ページの＊2）。

マルクスは、第三部の信用論草稿で、資本の循環の一形態としての「貨幣資本」と利子生み資本という二種類の「貨幣資本」を区別するために、利子生み資本のところはすべて英語の「貨幣資本（マニイド・キャピタル）」を使い、前者をドイツ語の「貨幣資本《ゲルトカピタル》」という語にしました。エンゲルスは、編集にあたって、この使い分けをとらず、大半を「ゲルトカピタル」に書き換えました。翻訳上は、どちらも「貨幣資本」ですから、このままではマルクスの区別が生きてきません。この区別をどう表記するかは、工夫のしどころですが、新版では、登場数の少ないゲルトカピタルの方に「貨幣資本《ゲルトカピタル》」とルビをつけました。それ以外の「貨幣資本」は、草稿でマニイド・キャピタルとされているものです。個々の研究論文は別にしても、『資本論』の邦訳としては、はじめての試みだと思います。

萩原　大谷禎之介さんがそれを指摘していますね。

山口　はい。私たちも学んだ点です。

□未来社会論と第三部の末尾の関係

関野　第三部の未来社会論について、少し意見を申し述べたいと思います。第三部第七篇第四八章の冒頭に未来社会論の、「自由の国」と「必然性の国」という象徴的な話をもってきて、流れをよくして理解を促進したという非常によくわかる編集だと思います。先ほどの話の続きで言いますと、『資本論』第三部の結末が未来社会論でまとめられるという構想があったのではないかと私は考えています。そのための覚え書きとして、ここでの「自由の国」と「必然性の国」という話を三位一体的定式のところで走り書き的にマルクスがメモしたのではないかということです。

『資本論』第一部の結末が資本主義的蓄積の歴史的傾向、第二部の結末が恐慌論の体系化、そして第三部の結末が未来社会論として、マルクスがまとめたかったのではないかなと思っています。そう思う理由ですが、「必然性の国」をマルクスは労働の領域と定式化していますが、労働の領域においては、ここでの叙述をみると、「結合した生産者たちが、自分たちと自然との物質代謝によって――盲目的な支配力としてのそれによって――支配されるのではなく、この自然との物質代謝を合理的に規制し、自分たちの共同の管理のもとにおくこと」とされています。これは時間の視点だけではなくて、まさに生産手段の所有の視点、生産手段を労働者階級が共同占有する、例の『資本論』第一部第二四章七節の最後のところにでてくる「生産手段の共同占有を基礎とする個人的所有の再建」というところと重なっているように思います。時間というものを取り戻して自由を得ていくうえでは、生産手段を共同占有していく視点が非常に重要になってくる。だから現代においても労働時間の短縮というものを進めていくうえで、労働者階級が経営にたいして大きな影響力を及ぼす、生産手段の労働者によるなんらかの占有に近づいていく必要があるということを示しているのではないかと思うわけです。

そう考えると、マルクスの未来社会論には、私は所有の視点があると考えています。そして生産手段の共同占有という所有の視点で考えると、労働者階級が占有する部門においては公共部門、共同体的な部門だと思うのですが、公共部門における富の生産というものがまさに商品ではなくて、脱商品化、価値生産ではなく労働者の必要を満たすための使用価値の生産、そういった脱商品化という別の視点、未来社会における商品社会から脱商品化社会という視点も入ってきます。そうなってくると労働の性格、さきほど（一三五ページ）の指揮や命令も含めた労働の性格でオーケストラの指揮者は搾取者になる必要はないということも述べましたけれども、働き方自体が支配のもとでの苦役ではなくなって、いわば自由な個人の連合体による創意工夫、「自発的な手、いそいそとした精神」とマルクスは「国際労働者協会創立宣言」（古典選書『インタナショナル』一九ページ）で書いていますが、そういう労働の性格と指揮・命令権の視点というものも未来社会論では出てくると思います。

ですから時間の視点、生産手段の所有の視点、それから脱商品化の視点、それから労働の性格と指揮・命令権の視点、マルクスの『資本論』の一部から三部までずっとみていって、いろんな視点で未来社会を展望していると思います。そういったものを最後にマルクスは『資本論』全体の結末としてまとめてみたかったのではないかと想像しています。

山口　第四八章の未来社会論の編集について、みなさんからうれしい評価をいただきました。この論述は、資本主義社会における剰余労働にはどういう特徴があるのかという問題から始まります。そのなかで、マルクスは、カギ括弧をつけて、第一二分冊の一四五八ページの後ろから五行目、「剰余労働一般」から一四六〇ページの最後までを論じます。カギ括弧の印は、マルクスが当面の主題とは別の問題を論じるときなどにつけた独特の符号です。

資本主義社会での剰余価値、剰余生産物の問題を考察するなかで、では「未来社会ではどうなのか」と考え、括弧でくくられた部分の考察に移り、「自由の国」、「必然性の国」という新しい用語も使って、未来社会論の本論を思い切り展開したように読めます。

『一八五七～五八年草稿』を準備するときにさきほど（一四二ページ）紹介したディルクの自由時間論を知り、人間にとって自由な時間とは何かという本格的な考察を始めて、この問題を、『一八五七～五八年草稿』『一八六一年～六三年草稿』をつうじて一貫して追究したマルクスです。こうした研究の成果が、『資本論』で生かされ、未来社会論の本論を簡潔に示すことになった。そういう意味で、第七篇冒頭の未来社会論のスケッチは、大きな意義をもつ展開だと思います。

第三部は、私たちが日常的に経験している資本主義の現象的な世界を研究することを主題にしています。第三部の草稿は、「諸階級」（第五二章）で中断していますが、マルクスはエンゲルスに第三部の概略を説明したさいには、「結びとして、いっさいのごたごたの運動と分解とがそこに帰着するところの階級闘争」（一八六八年四月三〇日のエンゲルスへの手紙）と述べていました。

「諸階級」では、労働者階級による資本主義社会の変革が主題の一つになったでしょうから、そこがまた未来社会論の展開の舞台になったのかもしれません。関野さんの指摘された第三部の最後をどのように結ぶつもりだったのかについては、ひきつづき考えてみたいと思います。

関野　ありがとうございました。

□土地所有論についてのマルクスのその後の構想は

石川　第三部の「自由の国」をめぐる議論については、関連する文章が第一部にも登場してきます。「訳注」もついていますが、自由な時間の内容は「諸個人の自由な精神的および社会的な活動のために獲得される時間」（③九二〇ページ）となっています。注目したいのは「社会的な活動のため」の時間で、つまりマルクスは「自由の国」を個人が自由に消費できる時間としてのみ理解したわけではなく、よりよい社会づくりのために様々な市民運動や自治的活動などに取り組む時間をそこに含めています。第三部は「自由の国」で「人間の力の発達」が「目的」となるとしましたが、その目的の達成には、よくいわれる芸術や学習やスポーツなどを通じて個人の能力が発達するだけではなく、それらの人々が力をあわせて行う「社会的な活動」が含まれているわけです。生きることに汲々《きゅうきゅう》とする歴史的な段階を超えて、よりよい社会づくりに人々が多くの時間を自発的に割くことができるようになった社会――そういう未来社会像が描けるのではないでしょうか。第一部は第三部より後に書かれてもいますから重視して検討すべき文章だと思います。

第六篇の地代論についてですが、マルクスはこれに「現在の形では途方もないもの」という評価を与えました。それでも、借地農場資本家が土地の所有者に地代を払ってもなお手元に平均利潤を残すことのできる「超過利潤」の発生のしくみを分析し、土地の豊かさの相違にもとづく差額地代と、もっとも生産性の低い土地にも生ずる絶対地代を究明していきました。これによって、平均利潤法則が農業を含むあらゆる分野の資本にはたらくことを論証し、また地代も剰余価値の一つの分割形態であることを明らかにして、資本主義における地主階級の基本的な経済的地位を示しています。ただし、新版は「訳注」でマルクスが差額地代を二つにわけて探究した第Ⅱ形態の方については考察が完了していない、つまり論証には至っていないことを指摘しています（⑪一二一六ページ）。

さらに地代論の「訳注＊1」は、マルクスがその後『資本論』に組み入れる土地所有論の構想を大きく発展させながら、その執筆に至らなかったという経過も紹介しています（⑪一一二ページ）。最初の『経済学批判』への「序言」（一八五九年）では土地所有論は『資本論』にはまったく入らない。しかし『資本論』第一部の完成稿を書く時点では、そこに地代論を加える構想が生まれ、実際にもその直前に書いた第三部第六篇に入れられる。ただし、構想の変更はそこで終わったわけではなく、一八七〇年代には「三大階級の経済的生活諸条件」の全体を『資本論』の研究対象とする構想が生まれる。そして、そこに土地所有の歴史研究も含めることになったと。この点は、確か『エンゲルスと「資本論」』（新日本出版社、一九九七年）で不破さんが早くから提起していたところですね。

山口　信用論、地代論・土地所有論の「七〇年代プラン」ですね。

石川　この大きな構想の発展は、最終的にどのような形で実を結びえたと予想されるでしょう。何か手がかりが残っているでしょうか。マルクスがいろいろな文献や資料を集めて勉強を始めていたということはあるようですが、歴史研究までふくめた土地所有論としてどういうものを見通していたのでしょう。

山口　第六篇の地代論のまとまり方の評価ですが、マルクスは、「現在の形では途方もないもの」と言い（一八六六年二月一三日のエンゲルスへの手紙）、エンゲルスは、第三部の「序言」で、第六篇はよく仕上げられていたという評価ですね（⑧一六ページ）。マルクスは、第三部の概略を説明した手紙でも、第六篇については「超過利潤の地代への転化」と一行、知らせただけで中身に触れていません（一八六八年四月三〇日のエンゲルスへの手紙）。

マルクスの構想については、『資本論』のなかに、いくつかのヒントがあります。第一部に二つ「訳注」

をつけたのですが、第二分冊の四四一ページの「＊5」、それから第四分冊の一一三九ページの「＊3」です。当時の第二巻とは第二部、三部を含んでいますが、マルクス自身はそこで、農村労働者のあり方も論じ、土地所有の研究を含める構想だったようです。そうすると第六篇の内容は、現在の地代論だけにとどまらなくなります。マルクスは、この構想を、一八七二年一二月一二日付のダニエリソーンへの手紙でも紹介しています（『マルクス・エングルス全集』第三三巻、四四四ページ）。マルクス自身は、その後もロシアなどの材料を集めて、共同体的土地所有の問題をはじめ、土地所有の歴史を研究しましたが、具体的な構想の中身まではわかりません。二〇一九年に刊行された新メガ第Ⅳ部門第一八巻には、ドイツの化学者ユストゥス・リービヒの著作からの抜粋をふくむ「農業に関するノート」（一八六五、六六年）、『資本論』第一部刊行後に作成されたドイツの農学者カール・フラースからの抜粋をふくむ「農業に関するノート（続き）」（一八六八年、三冊）が収録されています。今後、新メガでは、土地所有の歴史を研究したノートの刊行も予定されていますので、新たな検討材料と出会えるかもしれません。これもやはり研究課題のようです。

石川　そうですか。

新版『資本論』をいま学ぶ意味とは

現代を理解する格好の書

萩原　関野さんがさきほど言われていましたが、現代の新自由主義的資本主義社会はマルクスが『資本論』で論じた資本主義に非常に似ているのです。金融危機が非常に深刻に展開してきているというのは、私が学生のころにはなかったことですが、いまは、経済危機は頻繁におこってくるし、格差社会という状況のなかで、『資本論』を学びたいという人が多く出てきています。それにたいして新版『資本論』は、マルクスの研究そのもの――どういうプロセスで研究がすすめられ、資本主義とはどういうものかが明確に分析されているので、現代経済を理解する上で非常に大切な本なのです。神奈川県労働者学習協会は、二〇二二年二月から新版『資本論』講座をやりますので、ぜひ学習の取り組みを進めていきたいと思います。

新しい社会の主体として生きる展望

関野　私なりに、みなさんといっしょに勉強させていただいて、あらためて新版『資本論』の肝になる部分、第二部第一草稿に代表されるような「流通過程の短縮」論、恐慌の運動論を理論体系の鍵として位置づけて、マルクス自身の発展のなかで読むことは、マルクスが資本主義というものがなぜ必然的に未来社会に変革されるのかという、まさに革命の論理を必然性をもって語るという流れを、明確にするものだと思います。一言だけつけくわえると、資本主義の必然的没落の論理というものを、これまで新版『資本論』がこういった形で体系化する以前には、私などは、学習会や大学の講義などで、資本主義の客観的法則性、資本主義が危機を深めていく客観的条件の成熟ということで、格差の拡大や資本の蓄積に照応した貧困の蓄積であるとか、相対的過剰人口の生産であるとか、そういったことを論じてきましたが、それを話した後に必ず出てくる感想は、「絶望的だ」と（笑）。資本主義というのは労働者にとってはどうしようもない宿命としての絶望を受け容れるしかないのかというそういう受け止めが多かったと思います。語り手としての私の力量不足だったわけですが、それはマルクスの構想の半分であって、そういった危機の中から私たち労働者階級自身が鍛えられ賢くなって、つながりあって、新しい社会を運営する主体にまでなっていける、だからこそエリートでない私たちがちゃんと勉強しなければだめだということを多くの人に心から言える条件が、今回のまさに革命の主体的条件の成熟という論理で非常にクリアに出ています。このことは私をふくめて学ぶ人を励ますものです。ここから新しい『資本論』の学習運動などが広がっていくと思っています。

マルクス変革論のリアリティをつかんでほしい

石川　関野さんも言われたことですが、『資本論』を読む時に最も大切なのは、私たちが、今のような困難の多い社会から抜け出すことができないわけではなく、より暮らしやすい新しい社会をつくっていくことができる――そのことを根本から学ぶことではないかと思います。

これまで『資本論』を読んだことのない若いみなさんには、新版の新しさが画期的だといっても、それは実感しようがありません。しかし、社会は例えば生物や宇宙などと同じように科学的に分析することができるもので、資本主義の社会についてはすでにここまで明らかにされているのかと、『資本論』を読めば、目から鱗《うろこ》の落ちるところがたくさんあると思います。ベテランのみなさんには、過去に『資本論』を読まれた方もあると思いますが、そういう方には新版の新しい到達をぜひ味わってほしいと思います。そのためには、本文を最初から読んでいくだけでなく、新日本新書版や上製版と「訳注」だけを比較して、そのどこが変わっているかに注目して読むのもよい方法です。私もそれを一通りやってみました。

あまりの貧富の格差や、コロナにうまく対応できない政治、深刻な地球環境破壊への危機感などから「資本主義の限界」「マルクスへの再注目」という議論が広まっています。よりよい社会へ向かう行動のきっかけをつくるものとしてとても重要な変化だと思います。ただ、同時に、資本主義を超えない限り問題は解決されない、だから個々の具体的な問題より、まずは社会の体制を変えることだといったある種の「課題先送り」論に陥らない注意が必要だとも思っています。今日議論したように、資本主義の内部での現瞬間の改革への取り組みこそが、未来社会に向けた客観的・主体的な条件を成熟させる――その過程を踏まえずに未来社会に一挙に飛び移ることはできません。そこの問題を、情熱を込めて、しかし冷静に科学的に分析したマルクスの変革論のリアリティをぜひつかんでほしいと思います。

変革の書であり、希望の書

山口　きょうは、新版『資本論』について、様々な角度から光を当てていただき、ありがとうございました。私自身、みなさんとお会いできるということで、『資本論』を読み返しながら、新版の面白さをつかみなおす作業をやってみました。石川さんの話と重なりますが、そこにマルクスの変革論のリアリティを見た感じがしています。例えば第一部でも、彼は一八六五年の理論的転換以降、「変革の要素」とか「変革の酵素」という言葉も使って、資本主義社会の下でどこにどのような変革への条件が生まれてくるのかを追究します。そういうマルクスの姿をみるにつけて、姿というか、彼の研究の努力が、その理論を二一世紀の現代に生きるものにしていると痛感します。

新型コロナウイルスの感染が拡大する前のことですが、各地で新版『資本論』について講演する機会がありました。そのときに心がけたことは、『資本論』は、資本主義社会がどういう社会なのかということを徹底的に明らかにしようとした本だが、それにとどまらないでこの社会には次の社会にかわる希望があることを示した著作だと語ってきました。〝変革の書であり、希望の書である〟ということを話すようにしたのです。そうすると、あるところでこんな感想文をいただきました。「暮らしているこの地で希望を語ること。その力をつけるために新版『資本論』を学びたい」という、女性の方でした。

萩原　素晴らしい感想ですね。

山口　『資本論』講演会の会場では、女性と若い世代の参加が目立ちます。いまの資本主義のもとで、生きにくさを一番感じているのは女性と若者だと思います。実際に、直面している問題、たとえば、貧困と社会的格差をはじめ、利潤第一主義が引き起こしている深刻な問題、そして気候危機にかかわる「物質代謝」の撹乱の問題などを身近に知ることで、自らが生活のなかで現に感じていることとマルクスの解明がみごとに重なり合ってゆくのではないか。そこに新版『資本論』が刊行され、読まれてゆく、社会的な意味もあると思います。

みなさんからいただいたご意見に学びながら、新版『資本論』が多くの読者にむかえられるよう、努力したいと思います。本日は、ありがとうございました。

あとがき

萩原伸次郎

本書では、『資本論』学習の面白さとその今日的意義を論じてきました。それが読者の皆様の琴線に触れることができましたら、執筆者の一人として、これにまさる喜びはありません。最後に、『資本論』学習に、なぜ今、新版『資本論』なのかという理由について、述べておくことにしましょう。

新版『資本論』は、一九八二年から八九年にかけて多くの研究者の協力を得て日本共産党社会科学研究所が監修し、出版され高い評価を得た新書版（全一三冊）を、二一世紀という新たな地平に立って見直し、改訂したものです。その大きな特徴点は、マルクスが書き、最終的には、エンゲルスが編集し出版された『資本論』が、どのような事情で今日のような『資本論』となったのかについて、よりわかるように、監修者の注が豊富につけられていることにあるといえるでしょう。

マルクス自ら述べていますように、『資本論』は順序よく、第一部、第二部、第三部と書かれたものではありません。彼は言います。「じつは私は、『資本論』をそれが読者に提供されるのとは正反対の順序で（まず第三の歴史的な部分から先に）書き始めたのです。といっても、最後に着手した第一巻はすぐ印刷できるように整理されていたのに、ほかの二つの巻は、すべて独創的な研究につきものの未熟なままになっていたのですが」（一八七七年一一月三日付、ドイツの政治家ジークムント・ショット宛手紙）と述べています。当時マルクスは、第二部、第三部をまとめて第二巻、歴史的な部分（『剰余価値学説史』と今日は呼ばれる）を第三巻として出版するつもりだったのです。

ところで、マルクスは、第一巻出版後、第二巻出版のため原稿作成に精を出しますが、第二部の結論部分である第三篇再生産表式論を完成できず、一八八三年、病に倒れ、帰らぬ人となります。たしかに、マルクスが言うように、『資本論』は、『剰余価値学説史』が書き始めで、第二が、第三巻に当たる部分、そして、すでに執筆していた第一巻原稿に大幅な書き加えを行い、第一巻印刷用原稿を完成させ、それは彼自ら出版することができたのですが、上述のようにマルクスが、第二巻執筆半ばで病に倒れ、したがって、第二巻以降は、彼の言葉を引用すれば「未熟なままになっていた」ことになります。未完に終わった第二巻と第三巻以降の出版の事業を引き継いだ盟友エンゲルスは、大変な苦労をして、第二巻、第三巻を刊行しますが、第四巻は刊行できず世を去ります。

『資本論』形成史が厄介なのは、一八五九年『経済学批判』を出版したときは、その序言に明らかなように、彼の執筆プランは、1資本、2土地所有、3賃労働、4国家、5外国貿易、6世界市場だったのです。この執筆プランが、いついかなる理由で、今日の『剰余価値学説史』を含めると四部構成の現行『資本論』になったのかについての事情は、今日まで必ずしも明らかではありませんでした。今回の新版『資本論』では、新しい『マルクス・エンゲルス全集』(新メガ、国際マルクス・エンゲルス財団編集)等の刊行に助けられ、一八六五年前半の第二部第一草稿執筆時にマルクスは、恐慌のとらえ方の新たな発見をし、彼のプランを従来の六部構成から四部構成に変化させ、一八六五年末までに、第三部の第四篇商人資本論、第五篇信用論、第六篇地代論、第七篇収入とその源泉(国民所得論)まで一気に書き進んだと推論します。

この恐慌論の変化は、同時に彼の革命論の変化であったことに注目しなければなりません。六部構成の執筆プラン時のマルクスは、経済恐慌が社会革命を引き起こすという仮説のもとに研究を進めていました。しかし、経済恐慌は周期的に発生するのですが、社会革命は起こらず、逆に、イギリス資本主義は、「千年大国」の繁栄を続けるのです。もちろん、資本蓄積とともに貧困の蓄積も引き起こされ、一九世紀の半ば、労働者階級の運動が高揚期を迎えます。一八六四年国際労働者協会の設立は、労働者階級の運動によってこそ、資本主義を乗り越える未来社会を形成できるのだという確信をマルクスに与えたといえるでしょう。一八六五年前半のマルクスの恐慌論の新たな発見は、経済恐慌は、循環的周期的に引き起こされるものであり、資本主義の没落を決定づけるものではないとするものでした。それは、同時に、労働者階級のたたかいこそが未来社会を創るのだという確信と言い換えてもいいでしょう。

したがって、一八六四年後半、第三部第三篇利潤率の傾向的下落による資本主義没落論を書いたマルクスとその後のマルクスとは、恐慌についての考え方が、決定的に変わったといっていいでしょう。こうした事情について、今回の新版『資本論』では、丁寧な説明がなされています。新版『資本論』は、そうした意味で、リアルなマルクス像に迫ることができる格好のテキストとなっています。新版『資本論』での学習をお勧めする理由がそこにあります。ぜひ今、『資本論』をともに読み、学びましょう。

初出一覧

第Ⅰ部

第1章　『経済』（新日本出版社）二〇二三年五月号

第2章　同前

第3章　『経済』二〇二三年一月号

第4章　『経済』二〇二二年五月号

第Ⅱ部

1　『前衛』（日本共産党中央委員会）二〇二一年一一月号

2　『前衛』二〇二二年一一月号

3　『前衛』二〇二一年一二月号

石川康宏（いしかわ・やすひろ）
1957年北海道生まれ。神戸女学院大学名誉教授。京都大学大学院経済学研究科後期博士課程単位取得退学。著書に『変革の時代と「資本論」』（2017年、新日本出版社、共著）、『社会のしくみのかじり方』（2015年、新日本出版社）『マルクスのかじり方』（2011年、新日本出版社）、など。

関野秀明（せきの・ひであき）
1969年京都府生まれ。下関市立大学教授。九州大学大学院経済学研究科博士課程後期課程単位取得退学。著書に『金融危機と恐慌』（2018年、新日本出版社）、『変革の時代と「資本論」』（2017年、新日本出版社、共著）、『現代の政治課題と「資本論」』（2013年、学習の友社）など。

萩原伸次郎（はぎわら・しんじろう）
1947年京都市生まれ。横浜国立大学名誉教授。東京大学大学院経済学研究科博士課程単位取得退学。著書に『金融グローバリズムの経済学』（2020年、かもがわ出版）、『世界経済危機と「資本論」』（2018年、新日本出版社）、『新自由主義と金融覇権』（2016年、大月書店）など。

山口富男（やまぐち・とみお）
1954年静岡県生まれ。同志社大学文学部卒業。日本共産党社会科学研究所副所長。著書に『マルクス「資本論」のすすめ』（2021年、学習の友社）、『変革の時代と「資本論」』（2017年、新日本出版社、共著）、『「古典教室」全3巻を語る』（2014年、新日本出版社、共著）など。

今《いま》、「資本論《しほんろん》」をともに読《よ》む

2023年3月15日　初　版

著　者　石川　康宏　関野　秀明
萩原伸次郎　山口　富男
発行者　角　田　真　己

郵便番号　151-0051　東京都渋谷区千駄ヶ谷4-25-6
発行所　株式会社　新日本出版社
電話　03（3423）8402（営業）
03（3423）9323（編集）
info@shinnihon-net.co.jp
www.shinnihon-net.co.jp
振替番号　00130-0-13681
印刷・製本　光陽メディア

落丁・乱丁がありましたらおとりかえいたします。

ISBN978-4-406-06747-8　C0033　Printed in Japan